CARLOS ALBERTO BEZERRA

MANDAMENTOS RECÍPROCOS

ENSINOS DE JESUS PARA APERFEIÇOAR OS RELACIONAMENTOS

As citações bíblicas são da Nova Versão Internacional (NVI), da Bíblica, Inc., a menos que seja especificada outra versão da Bíblia Sagrada.

Os pontos de vista desta obra são de total responsabilidade do autor, não referindo necessariamente a posição da Thomas Nelson Brasil, da HarperCollins Christian Publishing ou de sua equipe editorial.

Publisher	*Samuel Coto*
Editores	*André Lodos e Bruna Gomes*
Produção Editorial	*Beatriz Lopes*
Editor de texto	*Omar de Souza*
Copidesque	*Carla Morais*
Revisão	*Simone Fraga*
Diagramação	*Maurelio Barbosa*
Capa	*Rafael Brum*

DADOS INTERNACIONAIS DE CATALOGAÇÃO NA PUBLICAÇÃO (CIP)

B54m Bezerra, Carlos Alberto
1.ed. Mandamentos recíprocos: ensinos de Jesus para aperfeiçoar os relacionamentos / Carlos Alberto Bezerra. -- 1. ed. -- Rio de Janeiro: Thomas Nelson Brasil, 2020.
240 p. ; 15,5 x 23 cm.

ISBN: 978-85-71670-09-7

1. Cristianismo. 2. Deus. 3. Fé. 4. Jesus Cristo. 5. Ensinamentos cristãos. I. Título.

CDD 230

Bibliotecária responsável: Aline Graziele Benitez CRB-1/3129

Thomas Nelson Brasil é uma marca licenciada à Vida Melhor Editora LTDA.

Rua da Quitanda, 86, sala 218 – Centro
Rio de Janeiro – RJ – CEP 20091-005
Tel: (21) 3175-1030
www.thomasnelson.com.br

Sumário

APRESENTAÇÃO

PARTE 1
Mandamentos para a construção de relacionamentos

PARTE 2
Mandamentos para a proteção dos relacionamentos

PARTE 3
Mandamentos para a edificação dos relacionamentos

PARTE 4
Mandamentos para o serviço nos relacionamentos

Conclusão

APRESENTAÇÃO

A justiça do Reino de Deus

Meu querido leitor, este livro é tanto um convite amoroso que faço a você quanto um desafio que tomo a liberdade de lhe propor. Fiz a mesma coisa há alguns anos na Comunidade da Graça, o rebanho do Senhor de que cuido, segundo a responsabilidade que Deus, em sua infinita misericórdia e graça extraordinária, entregou a mim. Foram semanas de oração, meditação e aprofundamento na Palavra de Deus durante as quais aqueles irmãos queridos — a maioria deles ainda filiada à nossa igreja — se dispuseram a engajar-se corajosamente. Porque é assim que Deus espera que nos aproximemos dele: com temor, tremor e reverência, mas também com ousadia, para que conheçamos a sua Verdade e sejamos transformados por ela.

É por essa razão que começo propondo um convite. Esse é o modo de Jesus operar. Foi assim que ele fez com todos nós desde o início de nossa caminhada de fé, sem exceção, e continua fazendo. Jesus começa convidando-nos: "Venham a mim, todos os que estão cansados e sobrecarregados, e eu lhes darei descanso" (Mateus 11:28). E, como sabemos, todo convite está relacionado a algum lugar ou objetivo. "Venham comer", disse Jesus aos discípulos em João 21:12. "Venham comigo para um lugar deserto e descansem um pouco", propôs em Marcos 6:31. Até parábolas o Senhor Jesus usou para mostrar como esse método do convite é divino: "Digam aos que foram convidados que preparei meu banquete: meus bois e meus novilhos gordos foram abatidos, e tudo está preparado. Venham para o banquete de casamento!" (Mateus 22:4).

Assim, ofereço a você, querida leitora, querido leitor, um convite que nem é meu de fato, mas do próprio Senhor: assuma de maneira plena sua condição de cidadão do Reino. Vou repetir: cidadão do Reino! O convite não é de associação a uma confraria ou a um clube. Digo isso porque a igreja-clube existe, não se engane. Igreja-clube é aquela aonde as pessoas vão com um objetivo claro e, geralmente, egocêntrico: receber uma bênção, uma cura, ganhar dinheiro, alcançar uma promoção, mudar de emprego, obter prosperidade, receber libertação etc. Essa, querida irmã e querido irmão, é a igreja-clube. Ela não tem compromisso com o Reino de Deus. A igreja que tem esse compromisso é aquela que traz as pessoas para o Reino de Deus, ou seja, a que traz as pessoas para debaixo do governo de Deus. E quem está sob o governo do Senhor tem compromisso com a justiça de Deus.

É neste momento que o convite também se revela um desafio, como mencionei no início. E isso nos leva a Mateus 5:20: "Pois eu lhes digo que se a justiça de vocês não for muito superior à dos fariseus e mestres da lei, de modo nenhum entrarão no Reino dos céus."

Em sua definição mais simples, mais primária, *justiça* significa "a virtude que inclina a dar a cada um o que lhe pertence por direito, razão ou equidade. É o hábito de conformar nossas ações com a lei". Em Direito, significa "retidão de proceder nas relações com os outros. A justiça é proporção e adequação no relacionamento com os outros; é a conduta civil ajustada a determinada ordem jurídica".

A diferença entre a justiça dos homens e a de Deus é que esta tem uma base sólida e absoluta, firmada no próprio caráter de Deus. É, portanto, perfeita e absolutamente correta. W. T. Conner afirma:

> Pela justiça ou integridade de Deus nós entendemos a retidão de seu caráter. O caráter de Deus é reto, não havendo sinal ou mancha de maldade. Quando a Escritura declara que Deus é luz (1João 1:5), significa absoluta pureza do caráter de Deus e sua completa liberdade de tudo o que é mau. Ele não somente está livre da maldade, mas também se opõe ao mal, reagindo contra o pecado e apoiando o que é reto e moral. É a própria expressão da natureza de Deus, plena de justiça e equidade. O que Deus faz é justo porque seu caráter é justo (Salmos 119:137,138).

No entanto, no que diz respeito ao relacionamento entre os homens, a prática da injustiça é a mais frequente (Deuteronômio 24:17; Salmos 82:2; Eclesiastes 3:16; Malaquias 2:9).

Agora acredito que tenha ficado claro por que estamos falando de um convite tanto quanto de um desafio. O privilégio de participar do Reino de Deus está diretamente vinculado à responsabilidade e ao compromisso com a justiça divina. Não há como dissociar uma coisa da outra. O Reino de Deus fundamenta-se na justiça de Deus, e participar de um significa comprometer-se com o outro. Não se pode conceber um governo divino desvinculado da autoridade de Jesus e da sua justiça.

Você deve lembrar-se de Jesus falando com Nicodemos, autoridade entre os judeus da época. Tratava-se de um rabino reconhecido e muito respeitado em Israel, e ele queria conhecer Jesus e saber mais sobre seu ministério. Podemos encontrar esse relato no capítulo 3 do evangelho de João. O que Jesus disse para Nicodemos quando eles se encontraram? "Digo-lhe a verdade: Ninguém pode ver o Reino de Deus, se não nascer de novo" (João 3:3). Repito: Nicodemos era um grande conhecedor da lei judaica, um homem de fé respeitado, sábio, de comportamento irrepreensível, uma referência religiosa de sua época. Ainda assim, Jesus declara a Nicodemos que, se ele não nascer de novo, não entrará no Reino de Deus, não estará de fato sob o governo do Senhor e não terá como conhecê-lo. Não fosse Nicodemos um homem genuinamente interessado em um relacionamento com Deus, a ponto de reconhecer em Jesus alguém muito especial, talvez de imediato fizesse coro com os fariseus para instigar o governo romano a prendê-lo e executá-lo por blasfêmia e conspiração contra a religião judaica e a autoridade de César.

No entanto, em vez disso, Nicodemos ficou intrigado com as palavras de Jesus. Quem não nascer de novo não entrará nem verá o Reino de Deus. E quis saber mais, por isso perguntou ao Senhor: "Como alguém pode nascer, sendo velho? É claro que não pode entrar pela segunda vez no ventre de sua mãe e renascer!" (João 3:4). Ele percebeu que Jesus estava falando de algo muito mais amplo e profundo. E o que Jesus quis dizer com isso? Ele estava ensinando que ver e entrar no Reino de Deus significa colocar-se debaixo do governo de Deus, do governo de Jesus.

Entendamos isso de um jeito ainda mais claro: se a minha e a sua justiça não forem maiores do que a dos escribas e dos fariseus — que eram os religiosos daquela época, que conheciam o Pentateuco, que eram capazes de recitar o Velho Testamento palavra por palavra, que dominavam e transmitiam os ensinos de Moisés, que conheciam as verdades da Lei mosaica —, se a nossa justiça não for maior do que a justiça desses líderes, não teremos acesso ao Reino. Isso porque escribas e fariseus tinham a Lei em sua mente, mas não a tinham no coração. Conheciam no seu intelecto, mas não a tinham em sua vida. Usavam a justiça de Deus para fazer lindos discursos, mas não a colocavam em prática — até achavam que sim, mas não passava de simples obediência mecânica.

Não devemos ficar surpresos, portanto, se identificarmos a mesma atitude em muitos cristãos e em várias igrejas hoje em dia. Não falta a eles conhecimento da Palavra de Deus. São capazes de fazer discursos inflamados, comoventes. Falam de libertação, de cura, de problemas resolvidos, de milagres recebidos. Tudo muito impressionante e com aparência de justiça. No entanto, muitas dessas pessoas que se dizem participantes dessa vida comunitária estão, na verdade, comportando-se como se fizessem parte de um clube, de uma enorme confraria. Acreditam que o relacionamento com o Senhor se estabelece na base da troca: "Eu frequento a igreja, entrego dízimos e ofertas, e Deus me recompensa cumprindo os desejos do meu coração", como se o dízimo fosse uma mensalidade paga pelo sócio de uma agremiação.

Conheço um pastor brasileiro que ministra em uma grande igreja na cidade norte-americana de Boston, frequentada por muitos imigrantes. Certa vez, ele me contou sobre as dificuldades que encontrava de lidar com as pessoas, principalmente os brasileiros. Muitos vão para lá com a vida anarquizada. Cheios de dívidas aqui, deixam família e outros compromissos e vão para os Estados Unidos, fugindo de tudo isso. Ao chegar lá, alguns constituem uma nova família, abandonam cônjuge e filhos aqui, enfim, transformam a vida em uma bagunça. Esse pastor me disse: "Carlos Alberto, se eu chamar a atenção de um deles, eles correm para outra igreja." Só na cidade de Boston existem cerca de setenta igrejas evangélicas, por isso esses imigrantes brasileiros ficam circulando. Trata-se da turma "beija-flor", aquela que vem, suga o néctar, bica a flor e se vai. São pessoas sem compromisso que, por não gostarem de ser repreendidas, ainda que se trate de uma repreensão justa e necessária, migram para outro rebanho como trocam de roupa a cada dia.

Sabe por que motivo essas pessoas agem dessa maneira? Porque desprezam a realidade do julgamento. Jesus disse que o Espírito Santo nos convenceria de que juízo virá sobre os que vivem em pecado e os que compactuam com eles. Jesus foi muito claro quando afirmou: "[...] se a justiça de vocês não for muito superior à dos fariseus e mestres da lei, de modo nenhum entrarão no Reino dos céus" (Mateus 5:20). A justiça do coração é possível somente naqueles em que o Espírito Santo operou a regeneração, nos quais ele habita. Quem não nasce de novo, como Jesus explicou a Nicodemos, não consegue viver a justiça do Reino. Não tem jeito: não entra no Reino, não vive o Reino, não pratica a justiça do Reino.

Trata-se de uma constatação relativamente simples; Reino de Deus é o lugar onde Deus reina. Simples assim. E, sendo o lugar onde Deus reina, é fácil concluir quem é o Rei desse Reino: obviamente é Deus, nosso Pai, e seu Filho Jesus e seu Espírito Santo. São os dirigentes, os comandantes do Reino de Deus. Jesus é o Senhor dos senhores. Assim, ele é a autoridade suprema do Reino. E, se o fundamento desse Reino é justiça, não encontramos dificuldade alguma em associar nosso compromisso com Jesus a esse conceito divino de justiça.

Um dos propósitos básicos de Deus para o seu povo novo e redimido é que, por intermédio dele, a justiça divina se manifeste em todas as esferas dos seus relacionamentos — na vida pessoal, familiar, comercial etc. É somente assim que a justiça do Reino de Deus se manifesta sobre os homens, fazendo-os desejar ardentemente experimentar essa realidade. E aí está o desafio, pois assumir essa justiça implica mudança de atitude — primeiro em relação a Deus, depois em relação ao próximo. É justamente dessa relação com o próximo, seja com os irmãos em Cristo, seja com qualquer outra pessoa, que este livro trata prioritariamente. São os mandamentos recíprocos, isto é, aquelas orientações que a Bíblia menciona e que dizem respeito à maneira como nos comportamos em nossa relação com as demais pessoas. A experiência dos cristãos em Jerusalém por ocasião do surgimento da Igreja de Jesus revela essa verdade. O mundo de outrora testemunhou o estilo de vida dos primeiros cristãos, e muitos foram acrescentados ao Reino de Deus (Atos 2:42-47; 4:32-35). É claro que o estilo de vida por eles refletido era resultado de uma experiência genuína de regeneração; caso contrário, não seria possível expressar a justiça do Reino de Deus (Mateus 6:33; João 3:3-5).

John Stott escreveu que a justiça do coração "só é possível naqueles em quem o Espírito Santo operou a regeneração e nos quais agora habita."[1] É por essa razão que a entrada no Reino de Deus é impossível sem uma justiça maior do que a dos fariseus. Lembremo-nos de Mateus 5:20: "Pois eu lhes digo que se a justiça de vocês não for muito superior à dos fariseus e mestres da lei, de modo nenhum entrarão no Reino dos céus." É porque tal justiça é evidência do novo nascimento, pois ninguém entra no Reino de Deus sem ter nascido de novo (Efésios 2:10). A justiça que Deus espera por parte do cristão é maior pelo fato de ser uma justiça do coração, e não simplesmente a obediência automática e interesseira de leis. Essa é a justiça que agrada a Deus, pois ela é de dentro para fora; está presente na mente e é o principal fator de motivação. "O SENHOR não vê como o homem: o homem vê a aparência, mas o SENHOR vê o coração" (1Samuel 16:7); "Ele lhes disse: 'Vocês são os que se justificam a si mesmos aos olhos dos homens, mas Deus conhece o coração de vocês. Aquilo que tem muito valor entre os homens é detestável aos olhos de Deus'" (Lucas 16:15).

Para que essa justiça não apenas penetre o coração do ser humano, mas também se enraíze nele, temos uma promessa divina: "'Esta é a aliança que farei com a comunidade de Israel depois daqueles dias', declara o SENHOR: 'Porei a minha lei no íntimo deles e a escreverei nos seus corações. Serei o Deus deles, e eles serão o meu povo'" (Jeremias 31:33). O próprio Senhor se encarrega de imprimir em nós sua justiça, e o faz por intermédio do Espírito Santo, como lemos

---

1. STOTT, John R. W. *Contracultura cristã:* a mensagem do Sermão do Monte. São Paulo: Abu, 1982. p. 188.

em Ezequiel 36:27: "Porei o meu Espírito em vocês e os levarei a agirem segundo os meus decretos e a obedecerem fielmente às minhas leis."

Chamo sua atenção especialmente para a primeira parte do versículo: "Porei o meu Espírito em vocês [...]" É nesse ponto que deparamos com o grande milagre da graça de Deus. Ele faz uma nova criatura em conformidade com a sua imagem, capacitada a expressar sua justiça e santidade e atuar como coparticipante de sua natureza divina (2Pedro 1:4; Tiago 1:18; Romanos 6:18, 14:17; Efésios 4:24; Filipenses 1:11). É essa nova criação (2Coríntios 5:17) que reflete a justiça, a retidão, a santidade e a integridade em toda a sua maneira de viver (1João 3:10). A justiça do Reino de Deus é praticada em todas as dimensões da vida humana. Fomos criados pelas boas obras, que são obras de justiça (Efésios 2:10, 4:24; 1João 2:29).

Aqui estamos nós diante de um convite extraordinário, mas também do grande desafio da vida cristã: sermos parecidos com Jesus! E, se devemos ser parecidos com o Senhor do Reino, naturalmente devemos ter sua justiça como fundamento de nosso comportamento. Em nós, humanamente falando, não há condição de expressar esse estilo de vida. Contudo, em Cristo, onde fomos colocados, em sua morte e ressurreição, ganhamos a capacidade de manifestar a justiça do Reino de Deus, para onde fomos transportados (2Coríntios 5:14,15; Filipenses 2:13-15). Assim, expressar a vida de Cristo é mera consequência, "porque neste mundo somos como ele" (1João 4:17).

A justiça do Reino — que veremos, ao longo das páginas seguintes, ser a norteadora dos mandamentos recíprocos de que vamos tratar — deve revestir nossa vida. Uma vez interiorizada, ela produzirá semelhança com Cristo, semelhança essa que se reflete em nossas atitudes. Veja a orientação que encontramos no texto de Efésios 6:14: "Assim, mantenham-se firmes, cingindo-se com o cinto da verdade, vestindo a couraça da justiça." Em Apocalipse 19:7,8 nos é revelado que devemos alegrar-nos porque "chegou a hora do casamento do Cordeiro, e a sua noiva [a Igreja] já se aprontou. Para vestir, foi-lhe dado linho fino, brilhante e puro". O arremate do versículo 8 dessa passagem bíblica está em absoluta consonância com o que lemos antes em Efésios: "O linho fino são os atos justos dos santos." As vestes mais lindas e admiráveis da noiva — ou seja, a Igreja — são seus atos de justiça.

Dito isso, e acreditando que, a essa altura, você já aceitou tanto o convite quanto o desafio que estou propondo, vamos seguir adiante e entender o que e quantos são esses mandamentos recíprocos, como podemos agrupá-los em relação a seus objetivos, que benefícios eles podem produzir na vida do cristão e de que maneira eles contribuem para o fortalecimento e o enriquecimento espiritual dos laços que formam a comunidade dos santos de Deus.

Antes de prosseguirmos, porém, vale a pena um esclarecimento: a proposta deste livro não é, nem de longe, fazer uma releitura, muito menos uma substituição, dos Dez Mandamentos mosaicos. Entenda o uso da expressão "mandamentos recíprocos" como o conjunto de orientações bíblicas concernentes a nosso relacionamento com o próximo. Essa diferença ficará clara à medida que percorrermos as próximas páginas, quando veremos como isso afeta a prática da mutualidade dentro da igreja — uma área que a igreja precisa aprender a praticar.

Antes de prosseguir...

...use as linhas a seguir para relatar sua visão sobre o Reino de Deus. O que significa para você? Onde esse Reino está estabelecido? O que faz de nós participantes desse Reino?

...escreva o que você pensa ser a diferença entre a justiça de Deus e a justiça dos homens. Sendo filhos do Senhor, como deve ser nossa justiça em relação ao restante do mundo?

O que são os mandamentos recíprocos?

O projeto eterno de Deus é ter uma família com muitos filhos semelhantes a Jesus. E, aqui, peço que você compreenda: estamos falando de pessoas que experimentam o processo de arrepender-se do pecado, reconhecer o valor do sacrifício vicário de Jesus Cristo na cruz e nascer de novo. Todas as pessoas foram criadas por Deus, mas a Bíblia deixa claro que só aqueles que nasceram de novo em Cristo Jesus e abandonaram o pecado são chamados seus filhos e, assim, fazem parte de sua grande família. "Jesus respondeu: 'Digo-lhes a verdade: Todo aquele que vive pecando é escravo do pecado. O escravo não tem lugar permanente na família, mas o filho pertence a ela para sempre'" (João 8:34,35). Não é difícil entender essa diferença. Basta pensar em nossos relacionamentos cotidianos — a expectativa que uma pessoa tem em relação a um filho é bem diferente da que ela tem quando se trata de um conhecido. Da mesma maneira, Deus espera de seus filhos uma série de valores e atitudes diferentes dos de pessoas que não experimentaram o novo nascimento. Uma vez transformados por Cristo, tornamo-nos cidadãos do Reino, e isso implica um comportamento apropriado a tal condição.

É por essa razão que a família de Deus não pode viver de qualquer maneira. Não se pode esperar que pessoas transformadas por Jesus

Cristo se relacionem umas com as outras de acordo com os mesmos princípios que regem este mundo. O conjunto de valores dos filhos de Deus é peculiar e fundamentado na Palavra. E, se as atitudes e os valores que se esperam dos cidadãos do Reino de Deus são diferentes do que se vê neste mundo, concluímos que a família de Deus se relaciona de um modo igualmente singular.

A essa altura, preciso enfatizar este ponto: a família de Deus não pode viver de qualquer jeito no que concerne ao relacionamento de uns com os outros. Lembremos que somos chamados a sermos imitadores de Cristo (Efésios 5:1; 1Coríntios 11:1; 1Tessalonicenses 1:6), o que implica viver como ele. E viver como Deus é viver em amor, pois Deus é amor (1João 4:7,8). Esse é um fato que não exige grandes interpretações exegéticas, nenhum curso de teologia avançada. Não há nada de complicado aqui: o amor é a marca do cristão, pois é a melhor maneira de refletir na terra a essência do Deus celestial. Por isso, se já somos exortados a amar todas as pessoas, mais ainda devemos pautar a relação entre os irmãos em Cristo nesse mesmo amor. Não se trata de um capricho divino nem de uma mera sugestão — o exercício do amor entre a família de Deus é uma determinação divina. "Ele nos deu este mandamento: Quem ama a Deus, ame também seu irmão" (1João 4:21).

O Senhor deseja que sua glória, sua natureza e sua maneira de ser estejam refletidas nessas relações, e, assim, que sejam vistas pelas pessoas deste mundo. E, se o amor é a essência de Deus, damos testemunho dele à medida que nos amamos. Considere as palavras de Jesus em João 13:34,35: "Um novo mandamento lhes dou: Amem-se uns aos outros. Como eu os amei, vocês devem amar-se uns aos outros. Com isso todos saberão que vocês são meus discípulos, se vocês se amarem uns aos outros." A forma como nos relacionamos como Igreja de Cristo é uma evidência, uma prova não apenas da existência de Deus, mas também da sua justiça e do seu amor por seus filhos.

> Dei-lhes a glória que me deste, para que eles sejam um, assim como nós somos um: eu neles e tu em mim. Que eles sejam levados à plena unidade, para que o mundo saiba que tu me enviaste, e os amaste como igualmente me amaste. Pai, quero que os que me deste estejam comigo onde eu estou e vejam a minha glória, a glória que me deste porque me amaste antes da criação do mundo (João 17:22-24).

Esse amor entre os irmãos é uma evidência tão poderosa da justiça e do amor divinos, que é capaz de atrair mais pessoas para a comunidade de fé. Veja esta passagem em Atos 2:41-47:

> Os que aceitaram a mensagem foram batizados, e naquele dia houve um acréscimo de cerca de três mil pessoas. Eles se dedicavam ao ensino dos apóstolos e à comunhão, ao partir do pão e às orações. Todos estavam cheios de temor, e muitas maravilhas e sinais eram feitos pelos apóstolos. Os que criam mantinham-se unidos e tinham tudo em comum. Vendendo suas propriedades e bens, distribuíam a cada um conforme a sua necessidade. Todos os dias, continuavam a reunir-se no pátio do templo. Partiam o pão em suas casas, e juntos participavam das refeições, com alegria e sinceridade de coração, louvando a Deus e tendo a simpatia de todo o povo. E o Senhor lhes acrescentava diariamente os que iam sendo salvos.

O mundo de outrora testemunhou o estilo de vida dos primeiros cristãos, por isso muitos se converteram. Depois da ressurreição de Jesus e do estabelecimento da Igreja em Jerusalém, iniciou-se uma perseguição violenta contra eles. Por essa razão, foram espalhados pelas terras circunvizinhas. A Escritura fala que, ao chegarem a Antioquia da Síria, as pessoas da cidade começaram a comentar entre si que lá estavam os cristãos. Como registra a Bíblia, nesse momento os seguidores de Jesus foram chamados "cristãos" pela primeira vez. Está em Atos 11:26: "Assim, durante um ano inteiro Barnabé e Saulo se reuniram com a igreja e ensinaram a muitos. Em Antioquia, os discípulos foram pela primeira vez chamados cristãos [os parecidos com Jesus]."

Veja bem, estamos falando de um grupo social que é reconhecido e distinguido na sociedade por causa de sua maneira de cuidar uns dos outros. Há várias situações nas quais um grupo se destaca. Os *hippies*, nos anos 1960, tinham um comportamento de rebeldia, desafiando os costumes da época. Apropriaram-se da experiência bíblica dos primeiros cristãos para criar um movimento. Falavam de paz e amor, influenciaram a cultura, formaram comunidades em que compartilhavam quase tudo e se diziam "livres". Mas, quando analisamos o resultado prático daquele discurso, descobrimos que o comportamento deles não gerou uma vida comunitária sólida, saudável. Não havia um cuidado real entre eles nem uma referência tão poderosa quanto a de Cristo como modelo a ser imitado. Com isso, muitos se perderam no uso de drogas, no sexo irresponsável, em um modo de vida desregrado. Conseguiram reconhecimento, mas o movimento, ao contrário do que aconteceu no início da Igreja de Cristo, não cresceu porque deixou de ser uma referência e se limitou a uma filosofia de vida que testemunhava a respeito de si, e não de Deus. "Se testifico acerca de mim mesmo, o meu testemunho não é válido", lemos em João 5:31. E, assim como os *hippies*, outros movimentos de vida comunal fracassaram pelo mesmo motivo: faltava fundamento sólido na Verdade. "A testemunha fiel dá testemunho honesto, mas a testemunha falsa conta mentiras" (Provérbios 12:17).

Voltemos à experiência em Antioquia da Síria. O que significava a palavra *cristão* em sua origem? Significava "semelhantes a Cristo", "aqueles cujo comportamento os faz parecidos com Jesus Cristo". Foi isso que os habitantes daquela cidade comentaram ao ver o modo de viver dos discípulos: "Aí estão aqueles que são parecidos com Cristo." Mesmo que, em um primeiro momento, essa alcunha tivesse um caráter um pouco pejorativo — assim como, no Brasil, os crentes eram conhecidos como "os bíblias" até mais ou menos os anos de 1970 ou 1980 —, o fato é que eles faziam uma grande diferença no mundo antigo e naquela região. E isso acontecia porque a vida deles, pautada pela justiça de Deus, assemelhava-se à vida, às instruções e às verdades que Jesus havia ensinado. Lembremos o discurso de Pedro no dia de Pentecoste, quando o Espírito Santo visitou poderosamente a Igreja de Cristo em Jerusalém: "Deus ressuscitou este Jesus, e todos nós somos testemunhas desse fato" (Atos 2:32). E o que disse depois, em Cesareia, ao centurião chamado Cornélio: "Nós somos testemunhas de tudo o que ele fez na terra dos judeus e em Jerusalém" (Atos 10:39). Isso significava não só atestar a ressurreição do Senhor, mas também se dispor a servir diariamente como testemunha desse fato. Foi o mesmo que Ananias disse a Paulo, e que está registrado em Atos 22:15: "Você será testemunha dele a todos os homens, daquilo que viu e ouviu".

Os cristãos faziam diferença em Antioquia da Síria porque testemunhavam, ofereciam evidência do amor e da justiça de Deus em seu modo de agir e de viver comunitariamente. Era por isso que a população da cidade dizia: "Ali estão os homens e as mulheres que se parecem com Jesus." E, aí, faço uma pausa para perguntar: o que acontece quando você está navegando na internet, quando posta alguma coisa no Facebook ou no Instagram, quando disponibiliza um vídeo no YouTube ou quando entra em um *site* qualquer em que precisa identificar-se? Quem você é para as pessoas que leem seu texto? Você reflete seus valores nessas comunicações via internet? Quem lê seus textos ou acessa suas fotos e vídeos é capaz de repetir, como os habitantes de Antioquia, que você é uma imitadora ou um imitador de Jesus?

Certa vez, falando a pastores e líderes de uma igreja em Bragança, comentei: "Nós imitamos aqueles a quem amamos." Paulo disse: "Tornem-se meus imitadores, como eu o sou de Cristo" (1Coríntios 11:1). A quem Paulo amava? Jesus. Quem Paulo imitava? Jesus. E nós, quem imitamos? Tem gente que quer parecer-se com Neymar, craque da seleção brasileira de futebol. Essas pessoas cortam e pintam o cabelo no mesmo estilo que o jogador, falam como ele, usam as mesmas gírias, as mesmas roupas, enfim, replicam tudo o que Neymar faz. Mas por que fazem isso? Porque gostam do ídolo. Elas querem ser parecidas com ele. O ser humano tem necessidade de referencial, de um modelo para observar, para fazê-lo sentir-se parte de um grupo. Por isso pergunto: A quem você ama? Qual a sua referência de vida e comportamento? Com quem você quer parecer-se? Você gostaria que alguém chegasse ao ponto de dizer: "Seu comportamento é tão parecido com o de Jesus... É como se você o imitasse!"?

Assim, podemos concluir, com base bíblica, que os mandamentos recíprocos nada mais são do que maneiras práticas de expressar o amor do Pai à medida que o imitamos e que amamos uns aos outros. "Portanto, sejam imitadores de Deus, como filhos amados, e vivam em amor, como também Cristo nos amou e se entregou por nós como oferta e sacrifício de aroma agradável a Deus" (Efésios 5:1,2). E é esse amor refletido em nós que gera uma vida comunitária saudável, sólida, duradoura e capaz de produzir muitos frutos. Ao falar em reciprocidade, referimo-nos a uma forma de convívio baseada na mutualidade, ou seja, viver de maneira a oferecer aos irmãos o mesmo tratamento e cuidado que esses irmãos oferecem (ou devem oferecer) a nós. Há uma expectativa natural de parte a parte — vou viver em amor pelo próximo porque ele também se dispõe a viver em amor por mim.

Tal reciprocidade é um princípio que a Igreja deve colocar em prática o tempo inteiro. Voltemos ao texto de Atos, especificamente no que se seguiu à experiência do dia de Pentecoste e ao discurso de Pedro:

> Os que aceitaram a mensagem foram batizados, e naquele dia houve um acréscimo de cerca de três mil pessoas. Eles se dedicavam ao ensino dos apóstolos e à comunhão, ao partir do pão e às orações. Todos estavam cheios de temor, e muitas maravilhas e sinais eram feitos pelos apóstolos. Os que criam mantinham-se unidos e tinham tudo em comum. Vendendo suas propriedades e bens, distribuíam a cada um conforme a sua necessidade. Todos os dias, continuavam a reunir-se no pátio do templo. Partiam o pão em suas casas, e juntos participavam das refeições, com alegria e sinceridade de coração, louvando a Deus e tendo a simpatia de todo o povo. E o Senhor lhes acrescentava diariamente os que iam sendo salvos (Atos 2:41-47).

Note duas dimensões da vida comunitária. "Continuavam a reunir-se no pátio do templo" refere-se à igreja como um todo. Ali, no ambiente de adoração, havia espaço suficiente para que os irmãos em Cristo se sentissem parte de algo maior, de uma imensa família que compartilhava fé, esperança, valores. Mas veja que o texto também menciona que "partiam o pão em suas casas, e juntos participavam das refeições". Ora, é evidente que a igreja inteira não caberia em uma casa. Afinal, "o Senhor lhes acrescentava diariamente os que iam sendo salvos". Portanto, não é difícil inferir que, além de se encontrar nas reuniões mais amplas, as *ekklēsías*, os cristãos daquela época também congregavam em grupos menores — o que hoje chamamos de *células* —, e era nessa dimensão que podiam experimentar mais intensamente a vida como família de Deus. Partilhar o pão significa dividir nossos recursos fundamentais para suprir nossas necessidades essenciais. Também significa redistribuir recursos para que o grupo inteiro viva dignamente. Traduzindo: a justiça e o amor do Reino expressados em sua forma mais objetiva e explícita.

Por essa razão, a experiência da igreja em células é bastante apropriada para colocar em prática os mandamentos recíprocos. No contexto de um grupo menor, as expectativas e as necessidades de cada pessoa podem ser mais bem identificadas, assim como fica mais fácil compartilhar talentos, recursos, tempo e dedicação. Dessa forma, os líderes de células devem ser os primeiros a encorajar a prática dos mandamentos recíprocos. O resultado do trabalho nesses grupos menores, na dimensão celular, é a igreja toda engajada no serviço e na responsabilidade de promover a justiça e o amor do Pai Celestial.

Além disso, não podemos esquecer um ponto importante: a vida em comunhão e serviço mútuo é resultado da graça. Como vimos, consiste na justiça e no amor de Deus colocados em prática, e já aprendemos que se trata de uma experiência própria de quem faz parte da família de Deus e compartilha dos valores do Reino. Assim, só consegue compreender e praticar esses mandamentos recíprocos aquele que teve uma experiência de novo nascimento em Cristo Jesus. Só quem é guiado e controlado pelo Espírito Santo é que consegue viver esses mandamentos recíprocos em sua plenitude. Romanos 5:5 afirma que "Deus derramou seu amor em nossos corações, por meio do Espírito Santo que ele nos concedeu". Mais adiante, Romanos 8:9 enfatiza que não vivemos mais "sob o domínio da carne, mas do Espírito, se de fato o Espírito de Deus habita em vocês". Leia este texto em Filipenses 2:1-5:

> Se por estarmos em Cristo nós temos alguma motivação, alguma exortação de amor, alguma comunhão no Espírito, alguma profunda

> afeição e compaixão, completem a minha alegria, tendo o mesmo modo de pensar, o mesmo amor, um só espírito e uma só atitude. Nada façam por ambição egoísta ou por vaidade, mas humildemente considerem os outros superiores a si mesmos. Cada um cuide, não somente dos seus interesses, mas também dos interesses dos outros. Seja a atitude de vocês a mesma de Cristo Jesus [...]

Nessa passagem, vemos que a verdadeira Igreja de Cristo apresenta quatro características: ela promove amor, consolo, unidade e perdão. Fica claro também, reforça o texto, a importância de sermos imitadores de Deus: "Seja a atitude de vocês a mesma de Cristo Jesus". Por isso, tenha em mente que essas características se manifestam de modo palpável, visível, objetivo e prático entre cristãos regenerados, cheios do Espírito Santo, que se dispõem a ser imitadores do Senhor e a colocar em prática os mandamentos recíprocos em seus relacionamentos. Na próxima parte deste livro, vamos falar mais objetivamente sobre esses 25 mandamentos recíprocos — quais são e como se agrupam.

Antes de prosseguir...

...escreva de maneira resumida o que você entende por mandamentos recíprocos. Em que eles diferem dos Dez Mandamentos do Antigo Testamento? E em que se assemelham?

...descreva um ou mais casos em que você tenha sido desafiado a colocar um mandamento recíproco em prática. Qual foi a reação de seu irmão de fé à sua atitude?

Quais os tipos de mandamento recíproco?

Agora que já entendemos bem o conceito dos mandamentos recíprocos, e antes de vermos cada um deles em detalhes, é importante esclarecer como as características desses mandamentos permitem sua organização em grupos. Isso ajuda a identificar, em nossos relacionamentos, as atitudes que assumimos e que são diretamente impactadas quando colocamos em prática esses princípios. E você pode ter certeza de que nenhuma delas fica de fora.

Primeiro grupo: construção de relacionamentos

O primeiro grupo é composto pelos mandamentos recíprocos que têm por objetivo *construir relacionamentos*. Repare como isso é importante, especialmente no Novo Testamento, em que encontramos várias passagens nas quais Jesus ou os autores dos textos sagrados (divinamente inspirados, naturalmente) insistem em falar sobre coisas que os discípulos de Cristo (ou seja, nós, sua Igreja) devem fazer "uns aos outros" ou "uns com os outros". À medida que avançarmos no estudo desses princípios, dando início à descrição dos mandamentos recíprocos, vamos examinar várias dessas passagens, mas veja a seguir uma lista de referências nas quais é patente a preocupação de Deus com os homens, a fim de que tomem atitudes no sentido de criar relacionamentos:

- João 13:35
- João 15:17
- Tiago 5:9
- 1Tessalonicenses 4:18
- Gálatas 5:26
- Efésios 5:21
- 2Coríntios 13:12
- 1Coríntios 11:13
- Mateus 6:15
- Hebreus 10:24
- Colossenses 3:9
- 1Pedro 5:14

Esses são apenas alguns exemplos, mas há muitos outros, ainda mais se decidirmos endossá-los com passagens do Antigo Testamento. Proponho, todavia, que não façamos isso agora — teremos muito tempo para visitar passagens bíblicas voltadas à questão dos relacionamentos ao longo deste livro. O mais valioso, aqui, é assimilarmos esta fantástica noção: a de que Deus tem interesse direto em que seus filhos vivam em relacionamento constante. E o primeiro passo nesse sentido não poderia ser outro além de criar esses relacionamentos. Daí surge nosso primeiro grupo com oito dos 25 mandamentos recíprocos. Vamos a eles:

1. **Amai-vos uns aos outros.** Colocando em uma construção mais moderna, vivamos nossa vida exercendo um amor verdadeiro por nossos irmãos, sabendo que nós também somos alvo desse amor.
2. **Acolhei-vos uns aos outros.** Em outras palavras, ajamos de tal maneira que nossos irmãos de fé sintam-se absolutamente queridos, ouvidos, amados e protegidos por nós, até porque esperamos o mesmo da parte deles.

3. **Saudai-vos uns aos outros.** Aqui estamos falando de demonstrar aos nossos irmãos que eles são valiosos, que os notamos, que não os tratamos com desprezo ou indiferença. Saudar alguém é, em certo sentido, dizer: "Veja, eu sei quem você é e valorizo sua existência e sua presença."
4. **Tende igual cuidado uns pelos outros.** Traduzindo, não importa quem seja meu irmão ou minha irmã, se é alguém de meu círculo mais próximo de amizade ou não, se tem posses materiais ou não, se ocupa um cargo de influência ou não — todo irmão em Cristo deve ser alvo do cuidado mais profundo, da atenção mais dedicada, do zelo mais intenso.
5. **Sujeitai-vos uns aos outros.** Outra forma de dizer isso seria: lembrem-se do que Jesus falou sobre os últimos sendo os primeiros, sobre a vida em humildade, sobre a missão primordial de servir, então coloquem tudo isso em prática em sua vida comunitária.
6. **Suportai-vos uns aos outros.** Tome cuidado com o verbo *suportar*, pois tanto pode significar "aturar" o irmão ou a irmã, por maiores que sejam seus defeitos, quanto "dar suporte", ou seja, apoiar uns aos outros com palavras de consolo, de motivação, de valorização.
7. **Confessai os vossos pecados uns aos outros.** Estamos com a língua sempre afiada para revelar os defeitos e pecados dos outros, mas aqui se trata de buscarmos pessoas mais maduras que nós, confiáveis, a quem possamos dizer: "Eu não estou bem, estou sendo tentado e pequei."
8. **Perdoai-vos uns aos outros.** Não há outra interpretação para esse mandamento. O perdão não é uma prerrogativa para ser usada a bel-prazer. É uma determinação divina, um exercício fundamental de amor e compaixão, sem o qual um relacionamento não pode existir.

Segundo grupo: proteção dos relacionamentos

Em seguida, passamos ao grupo dos mandamentos recíprocos cujo objetivo é *proteger nossos relacionamentos,* aquelas atitudes que preservam nossa condição de família de Deus. São sete os princípios desse grupo, e repare que todos começam com um "não". Ou seja, uma vez criados, a melhor maneira de proteger os relacionamentos é tendo o cuidado de não permitir que uma atitude nossa destrua o que foi construído. Vamos a eles:

1. **Não julgueis uns aos outros.** Aqui está um alerta muito importante. Sem fazer muito esforço, tenho certeza de que lembraremos várias situações em que um relacionamento ficou comprometido porque fomos injustos ao nos precipitar em julgar uma irmã ou um irmão.
2. **Não vos queixeis uns dos outros.** É o oposto do mandamento sobre suportarmos uns aos outros. Trata-se do que a Bíblia chama de "reclamar". Queixar-se revela um espírito pobre, negativo, maledicente, indisposto à compaixão.
3. **Não faleis mal uns dos outros.** Poucas coisas corroem mais os relacionamentos do que atitudes de mesquinhez, de futrica, de fofoca, de difamação, principalmente quando esses mexericos são calúnias sem fundamento.
4. **Não vos destruís uns aos outros.** Não se iluda. Há várias possibilidades e alternativas para a destruição de relacionamentos. Pode ser com palavras duras, decisões equivocadas, atitudes egoístas ou arrogantes.
5. **Não vos provoqueis uns aos outros.** Tem gente que parece gostar de irritar ou incomodar as pessoas que lhe são mais caras e próximas. Outros provocam pelo simples objetivo de demonstrar poder. E é assim que um relacionamento pode desmoronar.
6. **Não tenhais inveja uns dos outros.** Nem a tal "invejinha santa" escapa nesse mandamento. O que temos é uma ordem explícita:

olhe para o que seu irmão ou sua irmã de fé construiu — na vida espiritual, na saúde física, nos bens que adquiriu, nas virtudes que cultiva — com alegria pelas bênçãos que ela ou ele recebeu.

7. **Não mintais uns aos outros.** Se sabemos que o pai da mentira é o Diabo, não é preciso nem explicar por que esse mandamento é fundamental para a manutenção dos relacionamentos. O mentiroso tem natureza demoníaca, como disse Jesus em João 8:44. O mentiroso é filho do Diabo. Se você gosta de praticar a mentira, é sua natureza perversa que precisa estar crucificada juntamente com Cristo.

Terceiro grupo: mútua edificação

O próximo grupo é o dos mandamentos recíprocos instituídos de modo a promovermos a *mútua edificação.* Veja aqui que grande responsabilidade temos e para a qual a Bíblia nos convoca — ajudarmos uns aos outros na sustentação e no fortalecimento de nossa fé. São cinco os mandamentos que se enquadram nessa categoria, como vemos a seguir:

1. **Edificai-vos uns aos outros.** Perceba que esse mandamento revela uma *parceria* entre nós e o Espírito Santo; ele conta conosco no processo de edificação espiritual da família de Jesus.
2. **Instruí-vos uns aos outros.** Ensinar e receber ensinamento; orientar e ser orientado — a jornada cristã é, por sua natureza, um processo constante de instrução. Em nossa caminhada de fé, estamos sempre aprendendo e compartilhando o que Deus nos ensina por intermédio de sua Palavra.
3. **Exortai-vos uns aos outros.** *Exortar* é uma daquelas palavras difíceis que gostamos de usar em nossas pregações, mas nem todo mundo sabe direito o que significa. Muitos pensam que quer dizer "repreender", mas o sentido real desse verbo é "motivar", "incentivar".

4. **Admoestai-vos uns aos outros.** *Admoestar* é outra palavra difícil. E agora, sim, estamos falando de repreender, mas não de forma violenta ou agressiva. Aqui, Deus nos orienta a ajudar os irmãos de fé a perceber quando estão falando ou fazendo algo que não está de acordo com a vontade do Pai.
5. **Falai uns aos outros com salmos e cânticos espirituais.** Entre os mandamentos recíprocos que se destinam a promover a edificação mútua, esse é um dos mais simpáticos. Fala de louvor, de poesia para a alma, de música para o coração. Mas isso só produzirá o efeito que Deus deseja se nosso coração estiver cheio de júbilo pelo Senhor de nossa salvação, que nos fez seus filhos.

Quarto grupo: serviço cristão

Por fim, chegamos ao grupo dos mandamentos recíprocos instituídos por Deus para o *serviço cristão*. São cinco, todos diretamente relacionados às atitudes que devemos assumir para que a vida de nossos irmãos em Cristo seja mais suave, agradável. São os princípios que tornam a jornada de fé ainda mais prazerosa, que tornam o fardo a ser carregado mais leve. Vejamos:

1. **Sede servos uns dos outros.** O serviço é a expressão maior da combinação de amor e humildade que um filho de Deus pode assumir. Jesus dá o exemplo ao lavar os pés dos discípulos, apesar da resistência inicial de Pedro (João 13:5-8). O apóstolo julgava estar sendo humilde ao recusar o ato do Mestre, mas logo compreendeu o que Cristo lhe estava ensinando.
2. **Levai as cargas uns dos outros.** Você se lembra da passagem em Mateus 16:24, quando Jesus fala que devemos tomar nossa cruz e segui-lo? Imagine agora esta proposta revolucionária: ajudar seu irmão de fé a carregar a cruz dele!

3. **Sede mutuamente hospitaleiros.** Aqui, peço que você não se limite a pensar em hospitalidade como o ato de receber bem um visitante. Afinal, estamos falando de relacionamento entre os irmãos de fé. Nosso desafio é, portanto, tornar possível que todo filho de Deus se sinta à vontade em família, onde quer que esteja e a qualquer momento.
4. **Sede benignos uns para com os outros.** O que você espera dos membros de sua família? Naturalmente, que façam o bem uns aos outros. Por que seria diferente com a família de Deus?
5. **Orai uns pelos outros.** Interceder ao Senhor pelos nossos irmãos em Cristo é uma iniciativa espiritual, claro, mas também é uma atitude de serviço, na medida em que fazemos das necessidades dos domésticos da fé nossa prioridade.

* * *

Assim, estão apresentados a você os 25 mandamentos recíprocos que vamos estudar, um a um, mais adiante. Agora, agrupados por finalidades, fica mais fácil entender por que Deus quis registrá-los em sua Palavra. Todas as áreas de nosso relacionamento com os irmãos em Cristo são contempladas: a construção, a manutenção, o fortalecimento e a disposição de servir. E essa é a vida cristã. É a isso que o Senhor nos chama.

Acredito que, tendo chegado a este ponto do livro, também seja o seu desejo estudá-los para sua jornada com Deus. Por essa razão, também quero convidar você, querida leitora, querido leitor, a seguir adiante na leitura. Falta pouco para abordarmos cada um dos mandamentos recíprocos. Antes disso, gostaria de refletir com você sobre os benefícios que esses princípios produzem na vida pessoal e na vida comunitária.

Antes de prosseguir...

...descreva situações práticas em que cada um dos quatro grupos de mandamentos recíprocos pode ser aplicado. Com qual grupo você acha que se identifica mais?

...faça uma lista com os cinco mandamentos recíprocos que considera mais fáceis de colocar em prática e explique o motivo. Quais os cinco mais difíceis e por quê?

Quais os benefícios dos mandamentos recíprocos para a Igreja?

Quando Paulo olhava para uma igreja de Corinto, o que ele via era uma comunidade cheia de problemas, dificuldades, mazelas. Era um grupo muito numeroso que tinha passado por uma experiência extraordinária de salvação. Eles eram ricos em dons espirituais, mas também uma comunidade cheia de gente má, dividida, na qual conviviam cristãos autênticos com pessoas de índole corrompida, carregadas de malícia no coração. Vejamos a seguir alguns versículos que oferecem indicações do cenário que o apóstolo dos gentios encontrou:

- "Meus irmãos, fui informado por alguns da casa de Cloe de que há divisões entre vocês" (1Coríntios 1:11).
- "Dei-lhes leite, e não alimento sólido, pois vocês não estavam em condições de recebê-lo. De fato, vocês ainda não estão em condições, porque ainda são carnais. Porque, visto que há inveja e divisão entre vocês, não estão sendo carnais e agindo como mundanos?" (1Coríntios 3:2,3).
- "Alguns de vocês se tornaram arrogantes" (1Coríntios 4:18).
- "Por toda parte se ouve que há imoralidade entre vocês, imoralidade que não ocorre nem entre os pagãos, ao ponto de alguém de vocês possuir a mulher de seu pai. E vocês estão

orgulhosos! Não deviam, porém, estar cheios de tristeza e expulsar da comunhão aquele que fez isso?" (1Coríntios 5:1,2).

Imagine o conflito na mente de Paulo. Encontrou um cenário capaz de confundir a cabeça de qualquer um. A mesma igreja que progredira tanto na compreensão do evangelho de Jesus Cristo vivia uma penúria espiritual, pois só isso podia explicar como eles eram capazes de conviver com tanta falsidade e imoralidade. Havia uma evidente contradição — situação não muito diferente da que enfrentam algumas igrejas de hoje em dia.

Mas Paulo via aquele povo e dizia algo como: "Vocês são santos e justos. Eu olho para vocês, para aquilo que Deus já fez na vida de vocês, e vejo que não serão mais os mesmos. Deixaram aquela vida de pecadores miseráveis, condenados ao inferno. Vocês são santos de Deus, transformados em filhos amados do coração do Pai para viver esta vida. E Deus capacitou cada um para viver dessa maneira, eu e vocês. Aqui não há nenhum melhor que o outro. Todos nós estamos debaixo do mesmo desafio. Por isso, sou capaz de ver não apenas o que vocês são em Deus, mas também aquilo que em Deus vocês serão." E, mesmo triste por ver tanta desordem, ele acreditava no potencial da igreja que o Senhor levantara naquele lugar.

Em Atos 18, a Bíblia revela-nos que Paulo, em uma de suas passagens por Corinto, ficou mais de um ano e meio entre o povo daquela cidade. Veja o que relatam os versículos 2 a 11:

> Ali, encontrou um judeu chamado Áquila, natural do Ponto, que havia chegado recentemente da Itália com Priscila, sua mulher, pois Cláudio havia ordenado que todos os judeus saíssem de Roma. Paulo foi vê-los e, uma vez que tinham a mesma profissão, ficou morando e trabalhando com eles, pois eram fabricantes de tendas. Todos os sábados ele debatia na sinagoga, e convencia

> judeus e gregos. Depois que Silas e Timóteo chegaram da Macedônia, Paulo se dedicou exclusivamente à pregação, testemunhando aos judeus que Jesus era o Cristo. Opondo-se eles e lançando maldições, Paulo sacudiu a roupa e lhes disse: "Caia sobre a cabeça de vocês o seu próprio sangue! Estou livre da minha responsabilidade. De agora em diante irei para os gentios." Então Paulo saiu da sinagoga e foi para a casa de Tício Justo, que era temente a Deus e que morava ao lado da sinagoga. Crispo, chefe da sinagoga, creu no Senhor, ele e toda a sua casa; e dos coríntios que o ouviam, muitos criam e eram batizados. Certa noite o Senhor falou a Paulo em visão: "Não tenha medo, continue falando e não fique calado, pois estou com você, e ninguém vai lhe fazer mal ou feri-lo, porque tenho muita gente nesta cidade." Assim, Paulo ficou ali durante um ano e meio, ensinando-lhes a palavra de Deus.

Mesmo quando a perspectiva não era das mais animadoras, Paulo confiava que dariam frutos as orientações que ele e outros homens de Deus haviam deixado registradas nos lugares por onde passavam. Ele jamais duvidou que os princípios divinos germinariam naquelas cidades, atraindo mais pessoas para a família do Senhor e fazendo-as mais parecidas com Jesus.

Quando o povo que se chama pelo nome do Senhor se dispõe a abraçar os mandamentos recíprocos, as feridas da igreja são tratadas. Porque toda igreja é um retrato da maneira como seus membros cuidam dos relacionamentos entre si, um espelho da forma como tratam uns dos outros e consideram uns aos outros. Os mandamentos recíprocos funcionam tanto como exortação (incentivo) quanto como admoestação (advertência) para que nossas atitudes estejam alinhadas com o desejo de Deus para os relacionamentos dentro de sua igreja amada.

Assim, fica fácil identificar os benefícios que eles proporcionam à vida comunitária. Uma igreja atenta aos mandamentos recíprocos — e que os põe em prática — é uma comunidade que encoraja a construção de relacionamentos, faz tudo o que precisa para mantê-los fortes e saudáveis, trabalha constantemente na edificação dos filhos de Deus e prioriza o serviço mútuo como forma de honrar o Senhor e os domésticos na fé. Quando age assim, essa igreja é uma cooperadora do Espírito Santo, como vemos em 1Coríntios 3:8,9: "O que planta e o que rega têm um só propósito, e cada um será recompensado de acordo com o seu próprio trabalho. Pois nós somos cooperadores de Deus; vocês são lavoura de Deus e edifício de Deus."

Veja, agora, a passagem bíblica de Apocalipse 3:7-13, referindo-se à igreja estabelecida em Filadélfia. Repare nas promessas de Deus a uma igreja que se dispõe verdadeiramente a obedecer a seus mandamentos:

> Ao anjo da igreja em Filadélfia escreva: Estas são as palavras daquele que é santo e verdadeiro, que tem a chave de Davi. O que ele abre ninguém pode fechar, e o que ele fecha ninguém pode abrir. Conheço as suas obras. Eis que coloquei diante de você uma porta aberta que ninguém pode fechar. Sei que você tem pouca força, mas guardou a minha palavra e não negou o meu nome. Veja o que farei com aqueles que são sinagoga de Satanás e que se dizem judeus e não são, mas são mentirosos. Farei que se prostrem aos seus pés e reconheçam que eu o amei. Visto que você guardou a minha palavra de exortação à perseverança, eu também o guardarei da hora da provação que está para vir sobre todo o mundo, para pôr à prova os que habitam na terra. Venho em breve! Retenha o que você tem, para que ninguém tome a sua coroa. Farei do vencedor uma coluna no santuário do

> meu Deus, e dali ele jamais sairá. Escreverei nele o nome do meu Deus e o nome da cidade do meu Deus, a nova Jerusalém, que desce do céu da parte de Deus; e também escreverei nele o meu novo nome. Aquele que tem ouvidos ouça o que o Espírito diz às igrejas.

Quando nós, cristãos, nos dispomos a viver em obediência ao Senhor, ele nos capacita a colocar em prática seus mandamentos; dessa forma, nós nos tornamos parceiros e cooperadores na obra que o Espírito Santo está fazendo nesta geração. Os filhos de Deus são os primeiros beneficiários dos mandamentos recíprocos, pois vivem em comunidade, como uma grande família — ou, pelo menos, é assim que devemos viver, de acordo com o que lemos na Palavra. Os mandamentos recíprocos igualam nossa condição. Não há senhor ou servo, não há chefe ou subordinado, não há rico ou pobre, não há superior ou inferior; todos são pessoas "parecidas com Cristo", e o maior termômetro dessa realidade é a forma como os relacionamentos se dão. Bem-aventurada a igreja que obedece aos mandamentos recíprocos e os vivencia!

Antes de prosseguir...

... use o espaço a seguir para citar um caso real em que sua igreja foi beneficiada pela prática de algum dos mandamentos recíprocos. Que mudança você notou em sua comunidade de fé?

... fale sobre o que atraiu você à igreja que frequenta. No que diz respeito a relacionamentos entre os irmãos, qual foi a primeira manifestação de cuidado que chamou sua atenção?

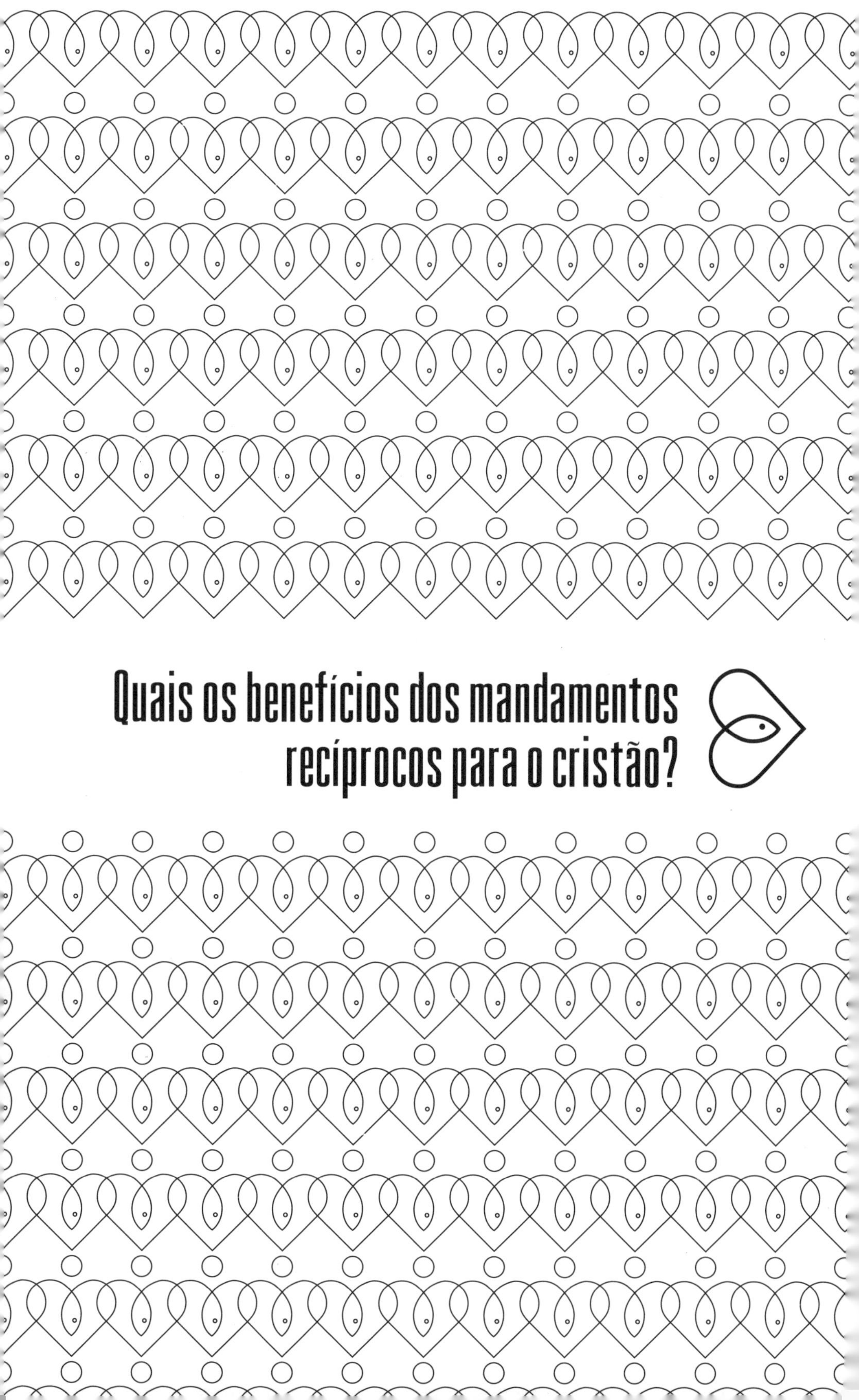

Quais os benefícios dos mandamentos recíprocos para o cristão?

Tendo analisado como os mandamentos recíprocos beneficiam a Igreja de Cristo — ou seja, como a comunidade de irmãos de fé cresce e se desenvolve à medida que coloca tais mandamentos em prática —, vamos encontrar as indicações bíblicas dos ganhos pessoais que eles nos proporcionam. Conforme avançamos, vamos revisitar alguns versículos que já foram mencionados. É natural. Ao falar de mandamentos recíprocos, referimo-nos a relacionamentos, por isso as iniciativas estão interligadas. Um ato de cuidado é também um ato de generosidade; uma palavra de motivação é também uma palavra de edificação. E tudo gera (ou, pelo menos, Deus espera que gere) reciprocidade, retribuição. Quando isso acontece, somos individualmente beneficiados de várias maneiras, como veremos a seguir.

Obediência

Cumprir os mandamentos recíprocos, assim como qualquer orientação de Deus, é dever de todo e qualquer cristão. A convicção de que estamos fazendo aquilo que o Senhor espera de nós é o desejo e a aspiração de todo filho de Deus. "Dispus o meu coração para cumprir os teus decretos até o fim" (Salmos 119:112). O próprio Senhor Jesus deu o exemplo, tanto em oração quanto na orientação aos discípulos: "Venha o teu Reino; seja feita a tua vontade, assim na terra como no céu" (Mateus 6:10); "Pois desci dos céus, não para fazer a minha vontade, mas para fazer a vontade daquele que me enviou" (João 6:38).

Já percebeu como um filho ou uma filha, seja criança, seja adolescente ou jovem, fica feliz quando recebe um elogio do pai após ter reconhecido sua autoridade e obedecido a essa autoridade? Nós, sendo participantes da família de Deus, também fazemos o Senhor feliz quando somos obedientes a ele. Veja o que Jesus menciona como uma das principais características daqueles que ele recebe para si como família: "Quem faz a vontade de Deus, este é meu irmão, minha irmã e minha mãe" (Marcos 3:35).

Só não podemos confundir as coisas: o benefício da obediência não pode ser acompanhado de uma *cobrança*, como se o Senhor devesse-nos alguma coisa pelo fato de fazermos o que ele deseja ou determina. Muitos que receberam os Mandamentos e a Lei de Moisés achavam-se dignos de recompensas porque cumpriam cada linha, mas não passavam de interesseiros, acreditando que Deus faz barganha com nossa obediência. Veja o caso do jovem rico que encontrou Jesus, na narrativa de Lucas 18:18-23:

> Certo homem importante lhe perguntou: "Bom Mestre, que farei para herdar a vida eterna?" "Por que você me chama bom?", respondeu Jesus. "Não há ninguém que seja bom, a não ser somente Deus. Você conhece os mandamentos: 'Não adulterarás, não matarás, não furtarás, não darás falso testemunho, honra teu pai e tua mãe'." "A tudo isso tenho obedecido desde a adolescência", disse ele. Ao ouvir isso, disse-lhe Jesus: "Falta-lhe ainda uma coisa. Venda tudo o que você possui e dê o dinheiro aos pobres, e você terá um tesouro nos céus. Depois venha e siga-me." Ouvindo isso, ele ficou triste, porque era muito rico.

Não se pode dizer que aquele jovem rico era desobediente — pelo contrário, desde adolescente ele até obedecia (honrava) ao pai e à mãe. No entanto, quando a conversa era sobre a obediência a Deus, ele só fazia o que estava escrito. Quando Jesus o desafia a ir além da letra, ele recua. Era uma obediência interesseira, e não por amor a Deus. Ele seguia as regras pensando que, como recompensa, poderia "herdar a vida eterna". Não caiamos nesse mesmo engano. Lembremos as palavras em 1Coríntios 7:19: "A circuncisão não significa nada, e a incircuncisão também nada é; o que importa é obedecer aos mandamentos de Deus."

Sensação de pertencimento

Veja esta passagem bastante conhecida do livro de Atos dos Apóstolos:

> Os que criam mantinham-se unidos e tinham tudo em comum. Vendendo suas propriedades e bens, distribuíam a cada um conforme a sua necessidade. Todos os dias, continuavam a reunir-se no pátio do templo. Partiam o pão em suas casas, e juntos participavam das refeições, com alegria e sinceridade de coração, louvando a Deus e tendo a simpatia de todo o povo. E o Senhor lhes acrescentava diariamente os que iam sendo salvos (Atos 2:44-47).

Havia entre os primeiros cristãos um fortíssimo espírito de cooperação. Não era apenas um sistema matemático, como uma previdência moderna ou um tipo de seguro para proteger pessoas necessitadas. Era um desprendimento total de qualquer espécie de bem material, fosse dinheiro ou fossem joias, terrenos e riquezas de qualquer natureza. Os discípulos de Jesus abriam mão de tudo o que tinham por entender que nada lhes pertencia individualmente, mas que tudo deveria ser compartilhado. Era como se toda a comunidade dissesse a cada membro: "Você participa deste grupo, e o que é nosso também é seu." Era um pacto de solidariedade.

Na vida prática, isso se refletia em um senso de pertencimento que levava cada indivíduo a sentir-se compelido a participar da comunidade, gerando um ciclo virtuoso que funcionava, naquele tempo, da mesma maneira que deve funcionar hoje em dia: se sou alvo do cuidado dos irmãos de fé, devo a eles o mesmo cuidado.

Autoestima

Aqui, podemos falar também em senso de valor. Como vimos no item anterior, a Igreja é uma grande estrutura de cooperação, solidariedade, amor e serviço, e cada irmão que a compõe precisa ter a noção de que é uma peça de grande importância. A Bíblia Sagrada usa uma metáfora muito interessante e fácil de ser compreendida ao assemelhar a Igreja a um corpo — o Corpo de Cristo —, e os membros, em particular, aos membros desse corpo. Com isso, cada pessoa se sente participante do organismo, como vemos em 1Coríntios 12:12-25:

> Ora, assim como o corpo é uma unidade, embora tenha muitos membros, e todos os membros, mesmo sendo muitos, formam um só corpo, assim também com respeito a Cristo. Pois em um só corpo todos nós fomos batizados em um único Espírito: quer judeus, quer gregos, quer escravos, quer livres. E a todos nós foi dado beber de um único Espírito. O corpo não é composto de um só membro, mas de muitos. Se o pé disser: "Porque não sou mão, não pertenço ao corpo", nem por isso deixa de fazer parte do corpo. E se o ouvido disser: "Porque não sou olho, não pertenço ao corpo", nem por isso deixa de fazer parte do corpo. Se todo o corpo fosse olho, onde estaria a audição? Se todo o corpo fosse ouvido, onde estaria o olfato? De fato, Deus dispôs cada um dos

> membros no corpo, segundo a sua vontade. Se todos fossem um só membro, onde estaria o corpo? Assim, há muitos membros, mas um só corpo. O olho não pode dizer à mão: "Não preciso de você!" Nem a cabeça pode dizer aos pés: "Não preciso de vocês!" Ao contrário, os membros do corpo que parecem mais fracos são indispensáveis, e os membros que pensamos serem menos honrosos, tratamos com especial honra. E os membros que em nós são indecorosos são tratados com decoro especial, enquanto os que em nós são decorosos não precisam ser tratados de maneira especial. Mas Deus estruturou o corpo dando maior honra aos membros que dela tinham falta, a fim de que não haja divisão no corpo, mas, sim, que todos os membros tenham igual cuidado uns pelos outros.

Todo membro é igualmente importante. Nenhum é dispensável. Não importa sua função, um órgão não pode simplesmente ser retirado, sob o risco de todo o restante do corpo adoecer. Mesmo aqueles membros que poderiam ser tidos como mais frágeis são considerados, à luz das Escrituras, "indispensáveis".

Segurança

Os mandamentos recíprocos têm a propriedade de nos proporcionar segurança. Nós, cristãos, somos grandemente beneficiados por esse sentimento. Quando um relacionamento é construído, sentimos a segurança de que a família de Deus, à qual pertencemos ao nos tornarmos *semelhantes* a Cristo, é um organismo, crescendo e desenvolvendo-se. Quando protegemos os relacionamentos, demonstramos aos irmãos de fé que eles podem sentir-se tranquilos — não vamos negligenciar aquilo que foi construído. Ao edificar uns aos outros, asseguramos o crescimento mútuo. E, ao colocarmos em prática o serviço, podemos estar certos de contar com nossa família em Cristo em qualquer situação.

Os mandamentos recíprocos permitem-nos trilhar a jornada com Cristo na segurança de que não estamos sozinhos. Há uma família espiritual a nos acompanhar. Ela recebeu do próprio Senhor a missão de garantir que cada membro do Corpo de Cristo se sinta integrado, engajado e entrosado. Em outras palavras, devemos proporcionar ao irmão de fé a mesma convicção que o próprio Deus garante a seus filhos em relação à salvação. Veja o que a Escritura afirma em Hebreus 10:19-24:

> Portanto, irmãos, temos plena confiança para entrar no Santo dos Santos pelo sangue de Jesus, por um novo e vivo caminho que ele nos abriu por meio do véu, isto é, do seu corpo. Temos, pois, um grande sacerdote sobre a casa de Deus. Assim, aproximemo-nos de Deus com um coração sincero e com plena convicção de fé, tendo os corações aspergidos para nos purificar de uma consciência culpada, e tendo os nossos corpos lavados com água pura. Apeguemo-nos com firmeza à esperança que professamos, pois aquele que prometeu é fiel. E consideremos uns aos outros para nos incentivarmos ao amor e às boas obras.

Para que nos sintamos confiantes, é preciso que os irmãos também sejam confiáveis. Como é possível viver em uma família na qual o pai não confia no filho, o filho não confia no irmão, o irmão não confia na mãe? Aqui, a ideia é que tenhamos pessoas mais maduras do que nós e confiáveis, a quem possamos confessar nossos pecados, nossas fraquezas, e dizer: "Eu não estou bem, estou sendo tentado e pequei." Isso não se faz com todo mundo — isso se faz com gente madura, gente confiável, gente que transmite segurança. Porque, se for uma pessoa leviana, mal-intencionada, leva você para o inferno com ela. Muita gente abre o coração para pessoas inadequadas, e essas pessoas saem falando mal, expondo e caluniando. Que Deus nos livre disso e nos ajude a manter uma comunidade em que nos sintamos seguros!

Realização

Uso aqui a palavra *realização* no sentido mais amplo possível. Sentir-se realizado é sentir-se feliz, pleno, satisfeito, abençoado, amado, valorizado, útil. Quando cumprimos os mandamentos recíprocos, temos a sensação de realização não apenas por aquilo que conseguimos, mas também pelas vitórias que nossos irmãos alcançam. Compartilhamos as batalhas da vida, mas também as alegrias e conquistas. E isso nos ajuda a abandonar essa ansiedade que vemos no mundo, onde as pessoas querem o celular mais sofisticado, a roupa cara da moda, o carro do ano, posições de destaque.

Querida leitora, querido leitor, podem ter certeza de que todas essas coisas passam. São futilidades que a poeira do tempo carrega. Se uma pessoa depende de *status* para sentir-se realizada, ela vive em pobreza de espírito e ainda não teve uma experiência de novo nascimento. Está vestindo roupas novas e caras, mas por dentro é um maltrapilho. Desfila por aí com relógio caríssimo, mas não encontra tempo para ser feliz. Não estou querendo dizer com isso que uma pessoa a quem Deus confiou bens não pode sentir-se realizada. A questão não é essa. É importante que você entenda que sua realização não depende das coisas materiais que possui, mas do que você é em relação a Deus e às pessoas. Relacionamentos são muito mais valiosos do que o ouro ou a prata.

O apóstolo Paulo aprendeu o segredo para alcançar esse sentimento de realização, e tem tudo a ver com a vida na comunidade de fé. Leiamos o que nos diz o texto em Filipenses 4:6-13:

> Não andem ansiosos por coisa alguma, mas em tudo, pela oração e súplicas, e com ação de graças, apresentem seus pedidos a Deus. E a paz de Deus, que excede todo o entendimento, guardará o coração e a mente de vocês em Cristo Jesus. Finalmente, irmãos,

> tudo o que for verdadeiro, tudo o que for nobre, tudo o que for correto, tudo o que for puro, tudo o que for amável, tudo o que for de boa fama, se houver algo de excelente ou digno de louvor, pensem nessas coisas. Ponham em prática tudo o que vocês aprenderam, receberam, ouviram e viram em mim. E o Deus da paz estará com vocês. Alegro-me grandemente no Senhor, porque finalmente vocês renovaram o seu interesse por mim. De fato, vocês já se interessavam, mas não tinham oportunidade para demonstrá-lo. Não estou dizendo isso porque esteja necessitado, pois aprendi a adaptar-me a toda e qualquer circunstância. Sei o que é passar necessidade e sei o que é ter fartura. Aprendi o segredo de viver contente em toda e qualquer situação, seja bem alimentado, seja com fome, tendo muito, ou passando necessidade. Tudo posso naquele que me fortalece.

Paulo sabia que podia contar com uma família espiritual que não o deixaria quando ele precisasse. Os irmãos "se interessavam" por ele, mesmo que não tivessem muitas oportunidades de demonstrar esse cuidado por conta da distância ou de alguma outra circunstância. E isso bastava — essa certeza de que ele fazia parte de uma comunidade que jamais o abandonaria.

* * *

Tendo passado por esta apresentação, gostaria de encorajar você a continuar a leitura. A seguir, vamos tratar especificamente dos mandamentos recíprocos e ver como se aplicam, um a um, em nossa vida comunitária. Vamos falar de maneira bem objetiva sobre o que fazer para colocar todos os 25 mandamentos recíprocos em prática.

Antes de prosseguir...

...escreva, nas linhas a seguir, de que maneira sua vida pessoal foi enriquecida pela prática de algum dos mandamentos recíprocos. Qual dos benefícios citados até aqui que foi mais marcante em sua jornada de fé?

...comente sua experiência no relacionamento com os irmãos. Você consegue citar uma situação em que tenha testemunhado como um mandamento de reciprocidade ajudou um irmão em um momento pessoal de dificuldade ou fraqueza?

PARTE 1
Mandamentos para a construção de relacionamentos

Amai-vos uns aos outros

Agora que já vimos o que torna tão importante o tema deste livro, chegou a hora de estudarmos os 25 mandamentos recíprocos, um a um, e sua aplicação prática. Vamos começar com os oito mandamentos cuja finalidade é a construção de relacionamentos. Estão aqui os mandamentos que tratam exatamente da responsabilidade pessoal de cada um de nós como cristãos que somos. Afinal, igreja sem relacionamento é clube, é confraria. Não existe compromisso espiritual. Acontece que, na Igreja de Deus, somos uma família, como vimos na apresentação deste livro, e dentro de uma família há reciprocidades. Isso significa que as minhas obrigações são as mesmas obrigações suas. Por isso falamos de mandamentos recíprocos.

Veja bem, não são sugestões recíprocas. Não são dicas recíprocas. Não são palpites recíprocos. São mandamentos. Estão na Palavra de Deus. Se fossem sugestões, estaríamos livres para aceitá-las ou rejeitá-las. Por exemplo, digamos que eu estivesse sugerindo a você que perdoasse seu irmão. Aí, você teria duas alternativas: perdoar ou não perdoar. Contudo, aqui, não se trata de sugestão, mas de mandamento. Mandamento quer dizer ordem. É Deus, pela sua Palavra, estabelecendo princípios para a família dele neste mundo. E quem é a família de Deus, senão a Igreja de Jesus? Assim, esses mandamentos estão relacionados com as responsabilidades que nós temos uns com os outros.

O primeiro deles não poderia deixar de ser aquele que, de alguma maneira, deve servir de base para os demais: "Amai-vos uns aos outros." Só é possível imaginar o cumprimento de todos os demais 24 mandamentos recíprocos quando nos sentimos capazes de viver a experiência do amor mútuo. Ele é a força motriz para o serviço, para o cuidado, para o acolhimento, para a solidariedade, para a celebração, para o arrependimento, para o perdão, enfim, para tudo o que Jesus espera de nós em termos de atitude cristã.

Vamos começar analisando João 13:34: "Um novo mandamento lhes dou: Amem-se uns aos outros. Como eu os amei, vocês devem amar-se uns aos outros." Esse é o primeiro mandamento, do qual dependem todos os demais. Por isso ele aparece nessa ordem, antes dos outros 24. Esse mandamento depende da nova natureza que Deus nos dá quando nascemos de novo, quando entregamos a vida a Jesus e somos transformados em novas criaturas.

Amar um ao outro significa servir, amar, dar a vida, cuidar. Diz respeito à base do cristianismo, da vida cristã e dos relacionamentos — tanto o relacionamento de Deus para conosco quanto o nosso para com Deus. Por quê? Porque, como somos amados por nosso Pai celestial, também é nosso dever amar uns aos outros. Dizem as Escrituras que Deus prova seu amor para conosco pelo fato de Cristo ter morrido por nós quando ainda éramos pecadores. Ou seja, Deus começa amando-nos para que o amemos. E, na medida em que ele nos deu o que tinha de melhor, também nos ensina que devemos dar, por amor, o que temos de melhor. E o que temos de melhor em nossa própria vida, senão a vida de Cristo que habita em nós?

Amor, portanto, não é um olhar meigo, não é tapinha nas costas, não é concordar com os erros das pessoas. Amor não é ser simpático para agradar os outros. Isso uma pessoa de coração ímpio faz, e às vezes até melhor. Há um monte de sociedades e instituições por aí procurando imitar o padrão divino, porém lhes falta base para praticar esses princípios. Fazem apenas como cumprimento de uma atividade meramente social. Nós, porém, somos diferentes — ou, pelo menos, devemos ser. O amor pelos irmãos de fé deve ser genuíno, resultado do reconhecimento de que a Igreja é a família do Senhor e, por isso, é formada por irmãos.

Esse mandamento reflete-se ao longo de todo o Novo Testamento. Veja aqui uma lista com algumas das principais referências nos evangelhos e nas epístolas:

- "O meu mandamento é este: Amem-se uns aos outros como eu os amei. Ninguém tem maior amor do que aquele que dá a sua vida pelos seus amigos. Vocês serão meus amigos, se fizerem o que eu lhes ordeno. Já não os chamo servos, porque o servo não sabe o que o seu senhor faz. Em vez disso, eu os tenho chamado amigos, porque tudo o que ouvi de meu Pai eu lhes tornei conhecido. Vocês não me escolheram, mas eu os escolhi para irem e darem fruto, fruto que permaneça, a fim de que o Pai lhes conceda o que pedirem em meu nome. Este é o meu mandamento: Amem-se uns aos outros" (João 15:12-17).
- "Se vocês de fato obedecerem à lei do Reino encontrada na Escritura que diz: 'Ame o seu próximo como a si mesmo', estarão agindo corretamente" (Tiago 2:8).
- "Toda a Lei se resume em um só mandamento: 'Ame o seu próximo como a si mesmo'" (Gálatas 5:14).
- "Que o Senhor faça crescer e transbordar o amor que vocês têm uns para com os outros e para com todos, a exemplo do nosso amor por vocês" (1Tessalonicenses 3:12).
- "Quanto ao amor fraternal, não precisamos escrever-lhes, pois vocês mesmos já foram ensinados por Deus a se amarem uns aos outros. E, de fato, vocês amam a todos os irmãos em toda a Macedônia. Contudo, irmãos, insistimos com vocês que cada vez mais assim procedam" (1Tessalonicenses 4:9,10).

- "O amor deve ser sincero. Odeiem o que é mau; apeguem-se ao que é bom. Dediquem-se uns aos outros com amor fraternal. Prefiram dar honra aos outros mais do que a si próprios" (Romanos 12:9,10).
- "Não devam nada a ninguém, a não ser o amor de uns pelos outros, pois aquele que ama seu próximo tem cumprido a Lei. Pois estes mandamentos: 'Não adulterarás', 'Não matarás', 'Não furtarás', 'Não cobiçarás', e qualquer outro mandamento, todos se resumem neste preceito: 'Ame o seu próximo como a si mesmo.' O amor não pratica o mal contra o próximo. Portanto, o amor é o cumprimento da Lei" (Romanos 13:8-10).
- "Agora que vocês purificaram a sua vida pela obediência à verdade, visando ao amor fraternal e sincero, amem sinceramente uns aos outros e de todo o coração" (1Pedro 1:22).
- "Quanto ao mais, tenham todos o mesmo modo de pensar, sejam compassivos, amem-se fraternalmente, sejam misericordiosos e humildes" (1Pedro 3:8).
- "Esta é a mensagem que vocês ouviram desde o princípio: que nos amemos uns aos outros" (1João 3:11).
- "Nisto conhecemos o que é o amor: Jesus Cristo deu a sua vida por nós, e devemos dar a nossa vida por nossos irmãos" (1João 3:16).
- "E este é o seu mandamento: Que creiamos no nome de seu Filho Jesus Cristo e que nos amemos uns aos outros, como ele nos ordenou" (1João 3:23).
- "Amados, amemos uns aos outros, pois o amor procede de Deus. Aquele que ama é nascido de Deus e conhece a Deus" (1João 4:7).
- "Amados, visto que Deus assim nos amou, nós também devemos amar uns aos outros. Ninguém jamais viu a Deus; se amarmos uns aos outros, Deus permanece em nós, e o seu amor está aperfeiçoado em nós" (1João 4:11,12).

- "Ele nos deu este mandamento: Quem ama a Deus, ame também seu irmão" (1João 4:21).
- "E agora eu lhe peço, senhora — não como se estivesse escrevendo um mandamento novo, o que já tínhamos desde o princípio — que amemos uns aos outros. E este é o amor: que andemos em obediência aos seus mandamentos. Como vocês já têm ouvido desde o princípio, o mandamento é este: Que vocês andem em amor" (2João 1:5,6).

A obediência a esse mandamento — amarmos uns aos outros — é o distintivo universal de todo discípulo de Jesus. Ele é tão importante, fundamental mesmo, que só podemos pensar em cumprir os demais se o observarmos fielmente. Não é uma opção, mas uma ordem. Tampouco essa obediência pode ser automática. E é aí que nossa vontade e nossa disposição em cumprir esse mandamento entram em ação. Amamos se, de fato, quisermos amar. Aqui, é fundamental compreender a dimensão do amor, conforme o texto de 1Coríntios 13:1-13:

> Ainda que eu fale as línguas dos homens e dos anjos, se não tiver amor, serei como o sino que ressoa ou como o prato que retine. Ainda que eu tenha o dom de profecia e saiba todos os mistérios e todo o conhecimento, e tenha uma fé capaz de mover montanhas, se não tiver amor, nada serei. Ainda que eu dê aos pobres tudo o que possuo e entregue o meu corpo para ser queimado, se não tiver amor, nada disso me valerá. O amor é paciente, o amor é bondoso. Não inveja, não se vangloria, não se orgulha. Não maltrata, não procura seus interesses, não se ira facilmente, não guarda rancor. O amor não se alegra com a injustiça, mas se alegra com a verdade. Tudo sofre, tudo crê, tudo espera, tudo suporta. O amor nunca perece; mas as profecias desaparecerão, as línguas cessarão, o conhecimento passará. Pois em parte conhecemos e em parte profetizamos; quando, porém, vier o que é perfeito, o que é imperfeito desaparecerá. Quando eu

> era menino, falava como menino, pensava como menino e raciocinava como menino. Quando me tornei homem, deixei para trás as coisas de menino. Agora, pois, vemos apenas um reflexo obscuro, como em espelho; mas, então, veremos face a face. Agora conheço em parte; então, conhecerei plenamente, da mesma forma como sou plenamente conhecido. Assim, permanecem agora estes três: a fé, a esperança e o amor. O maior deles, porém, é o amor.

Acredito que já não resta nenhuma dúvida em seus corações, querida leitora, querido leitor, sobre a importância de colocar em prática esse primeiro mandamento recíproco. Mas eu gostaria de perguntar: A quem se dirige esse mandamento? Aos nascidos de Deus. Esse mandamento não é exclusivamente para os batizados nas águas nem para os dizimistas. Esse mandamento não é exclusivo para os pastores, para os diáconos, para os tecladistas e cantores, para os cooperadores ou para os obreiros. É para eles também, mas não apenas, pois é para todos nós. É ordem de Jesus. Ele disse: "Amados, amemos uns aos outros" (1João 4:7). Ele determina dessa maneira os nossos relacionamentos saudáveis. À medida que entendo a minha responsabilidade de cuidar do meu irmão e de amá-lo, independentemente de quem ele seja, eu posso abençoá-lo e servi-lo.

O mandamento de amarmos uns aos outros é de nova natureza, de novo coração. Quem não experimentou novo coração, ou seja, não se tornou nova criatura, não compreende esse amor. Mas, no poder da ressurreição com Cristo, ressuscitamos para uma vida nova, e somente os nascidos de Deus são capazes de obedecer a esse mandamento. Por isso, quando você notar alguém que não consegue colocar em prática essa ordem do amor, pode ter certeza de que alguma coisa está errada com a experiência dele com Deus.

Da mesma maneira, quando você encontrar pessoas fazendo cobranças do tipo: "Você tem de me amar", lembre-se de que você está diante de um fariseu hipócrita, porque a mesma cobrança que ele faz a seu respeito é a que se faz a respeito dele, dentro dele. Mandamento recíproco é de uns para com os outros, com sinceridade de coração, para que não haja entre nós gente melhor e gente pior. Para que, assim, haja entre nós pessoas que têm igualdade de condições porque têm igualdade de necessidades e porque têm igualdade de oportunidades para servir a Deus, servindo uns aos outros.

Voltemos a João 13:34: "Um novo mandamento lhes dou: Amem-se uns aos outros. Como eu os amei, vocês devem amar-se uns aos outros." De que modo os discípulos são conhecidos? Pelo amor que possuem uns pelos outros. No capítulo 13 do evangelho de João, versículo 14, Jesus diz assim: "Pois bem, se eu, sendo Senhor e Mestre de vocês, lavei-lhes os pés, vocês também devem lavar os pés uns dos outros." Lavamos os pés de uma pessoa quando eles estão sujos, feridos ou cansados, quando essas pessoas precisam de cuidados especiais. Os pés, no caso, significam posição, equilíbrio, caminho, direção, projeto de vida.

Se Jesus lavou os pés dos discípulos, qual é a nossa obrigação? Você nota a responsabilidade? Amor é lavar os pés. Está escrito. Veja em João 13:16,17: "Digo-lhes verdadeiramente que nenhum escravo é maior do que o seu senhor, como também nenhum mensageiro é maior do que aquele que o enviou. Agora que vocês sabem estas coisas, felizes serão se as praticarem." Sou feliz não quando ouço, mas quando pratico essas verdades. Uma coisa é ser ouvinte, outra é ser praticante.

Tem muita gente que não entende o evangelho, mesmo estando em uma igreja. É aquela pessoa que gosta das reuniões ou participa delas porque tem de participar. "Que bom, assim, pelo menos, cumpro com minha obrigação moral. Uma vez por semana vou lá ouvir uma palavrinha daquele pastor." Posso garantir que pessoas assim não conseguem praticar essas verdades porque não nasceram de novo. Somente ama verdadeiramente aquele que é nascido de Deus. A Palavra afirma que seremos conhecidos como discípulos de Jesus se tivermos amor uns pelos outros. Esta é a base da vida da Igreja: lavar os pés dos irmãos. O marido lavando os pés da esposa, a esposa cuidando de lavar os pés do marido. Os pais lavando os pés dos filhos, os filhos lavando os pés dos pais e cuidando deles. Os amigos lavando os pés dos amigos — e os pés dos inimigos também, pois disse Jesus: "Amem os seus inimigos e orem por aqueles que os perseguem" (Mateus 5:43-45).

A Bíblia mostra as várias formas de expressão do amor de Cristo. Vamos identificá-las a seguir:

- Jesus tornou-se servo a nosso favor: "Mas esvaziou-se a si mesmo, vindo a ser servo, tornando-se semelhante aos homens" (Filipenses 2:7).
- Deu-se a si mesmo por nós: "Ele se entregou por nós a fim de nos remir de toda a maldade e purificar para si mesmo um povo particularmente seu, dedicado à prática de boas obras" (Tito 2:14).
- Carregou em seu corpo, sobre o madeiro, os nossos pecados: "Ele mesmo levou em seu corpo os nossos pecados sobre o madeiro, a fim de que morrêssemos para os pecados e vivêssemos para a justiça; por suas feridas vocês foram curados" (1Pedro 2:24).
- Deu a vida por nós: "Eu sou o bom pastor. O bom pastor dá a sua vida pelas ovelhas" (João 10:11).
- Faz intercessão constante por nós: "Portanto, ele é capaz de salvar definitivamente aqueles que, por meio dele, aproximam-se de Deus, pois vive sempre para interceder por eles" (Hebreus 7:25).
- Tem compaixão de nós por causa de nossas fraquezas: "Pois não temos um sumo sacerdote que não possa compadecer-se das nossas fraquezas, mas sim alguém que, como nós, passou por todo tipo de tentação, porém, sem pecado" (Hebreus 4:15).

- Socorre-nos quando somos tentados: "Porque, tendo em vista o que ele mesmo sofreu quando tentado, ele é capaz de socorrer aqueles que também estão sendo tentados" (Hebreus 2:18).
- É paciente conosco, mesmo quando pecamos: "O Senhor não demora em cumprir a sua promessa, como julgam alguns. Ao contrário, ele é paciente com vocês, não querendo que ninguém pereça, mas que todos cheguem ao arrependimento" (2Pedro 3:9).
- Perdoa os nossos pecados: "Se confessarmos os nossos pecados, ele é fiel e justo para perdoar os nossos pecados e nos purificar de toda injustiça" (1João 1:9).
- Oferece-nos vida abundante: "O ladrão vem apenas para roubar, matar e destruir; eu vim para que tenham vida, e a tenham plenamente" (João 10:10).

Aí está o princípio da vida de Cristo em nós: amar e servir é para quem nasceu de Deus e vive a vida transformada. É impossível conseguir colocar em prática os 24 mandamentos recíprocos restantes sem ter novo coração e nova vida. Apenas mudar de religião não torna ninguém capaz de dar a vida pelo irmão nem de abençoar o que tem fome, cuidar do que tem sede, vestir o que está nu, ir à prisão falar aos encarcerados ou ao hospital cuidar dos enfermos. Se não for pelo amor de Deus, derramado em nosso coração pelo seu Espírito, não seremos capazes.

A pergunta que agora faço a vocês, querida leitora, querido leitor, é simples: Você já nasceu de novo? Já ganhou um novo coração? Já foi transformado em nova criatura? Porque eu não vou conseguir ensinar-lhe a prática desses princípios se você não tiver uma nova natureza. Você vai apenas aprender lições, mas será incapaz de colocá-las em prática. Se você já tem novo coração, Deus vai conceder a capacidade de obedecer e de viver a vida segundo a vontade do Senhor, amando o irmão como Cristo ama.

Antes de prosseguir...

...use o espaço a seguir para indicar a sua compreensão sobre as formas de expressão do amor de Cristo mencionadas neste capítulo. De que forma você acredita que cada uma se manifestou em sua vida?

...reflita sobre o conceito de amor recíproco na Bíblia em comparação com o que o mundo propõe. Quais as diferenças? E por que o amor que Deus propõe que vivamos é superior?

Acolhei-vos uns aos outros

Aqui, temos um verbo que não usamos com muita frequência, embora esteja diretamente ligado à experiência cristã. Para muitas pessoas, *acolher* significa receber uma pessoa em uma casa, em uma comunidade, em uma instituição e até em uma igreja. É dar boas-vindas, conversar com o visitante, fazê-lo sentir-se bem recebido, causar uma boa impressão. Com um pouco mais de esforço, conseguimos pensar em acomodar alguém, oferecer um prato de comida ou uma cama para que a pessoa fique por alguns dias, seja por pena, seja por simpatia, seja por dever. Este é o senso comum quando se trata de acolhimento: um tipo de serviço pontual ou temporário para fazer outra pessoa — de fora de nossa família ou de nosso grupo social — sentir-se bem ou ter uma necessidade suprida. Quem acolhe é uma espécie de anfitrião, mas quem chega, por mais tempo que fique, continuará sendo um estranho — mesmo que se sinta bem-vindo, mas um estranho.

Meus queridos leitores, como quase tudo na Palavra de Deus, o sentido desse verbo é muito mais amplo. Vamos examinar o texto bíblico que servirá de referência para nossa reflexão a esse respeito. Ele está em Romanos 15:7, e diz: "Portanto, acolhei-vos uns aos outros, como também Cristo nos acolheu para a glória de Deus" (ARA[2]).

Acolher uns aos outros significa não apenas "receber" ou "abrigar", mas aceitar uns aos outros livremente, sem constrangimento ou reservas. Foi assim que Cristo nos acolheu. Ele não nos olhou como estranhos ou eternos visitantes de seu Reino. Ele nos recebeu em sua família em pleno conhecimento de irmãos em Cristo. A ideia aqui presente é a de que devemos aceitar como participante de nossa comunhão toda pessoa que afirma e demonstra ter Jesus como Senhor e Salvador. Ainda que ela possa ter falhas em sua conduta — e certamente terá —, mesmo que ela tenha uma opinião diferente da nossa, um conhecimento diferente de alguma doutrina ou uma forma diferente de cultuar, eu a acolho no momento em que a aceito do jeito que ela é.

Note que há uma diferença entre "acolher" e "aprovar". O fato de acolhermos alguém que tenha pecado não significa que vamos compactuar ou concordar com essa conduta que desagrada a Deus. Mas aceitamos que esse alguém passe a fazer parte de nossa família espiritual para que possamos ajudá-lo a viver uma vida transformada. É até possível que recebamos uma pessoa em nossa comunidade de fé e tenhamos de excluí-la da comunhão por causa de seu comportamento inaceitável diante dos padrões do Senhor, mas o mandamento para nós nesses casos é: "Aceitem o que é fraco na fé" (Romanos 14:1).

Agora, quero destacar um ponto importante no versículo que estamos usando como referência para meditar sobre o mandamento recíproco do acolhimento, o qual está em Romanos 15:7. Vamos refrescar nossa memória: "Portanto, acolhei-vos uns aos outros, como também Cristo nos acolheu para a glória de Deus" (ARA).

---

2. Versão Almeida revista e atualizada da Bíblia.

Preste bem atenção na construção da frase: "[...] acolhei-vos [...] como também Cristo nos acolheu [...]" Isso não soa familiar? Onde foi que vimos frase semelhante? Uma pista: foi neste livro, algumas páginas atrás. Você já deve ter lembrado, mas, se ainda não o fez, vou dizer onde foi: "O meu mandamento é este: Amem-se uns aos outros como eu os amei" (João 15:12). Veja como a construção se repete: "[...] Amem-se [...] como eu [Jesus] os amei."

Então, podemos concluir que acolher o irmão de fé (o que, como vimos, consiste em aceitá-lo sem restrições) é agir como imitador de Cristo. E se nós, como membros da família de Deus, somos identificados por amarmos uns aos outros como Jesus nos amou, também devemos ter o Filho de Deus como modelo no que diz respeito ao acolhimento. Se o próprio Salvador acolheu a todos, por que nós teríamos de fazer distinção? "Ah, eu só vou acolher Fulano se ele for uma pessoa toda certinha!" É um acolhimento seletivo — só serve para as pessoas de quem gostamos ou que não nos darão trabalho.

Você acha isso certo? Não, não foi isso que Jesus orientou nem fez. Pelo contrário, em Mateus 19:13,14, Cristo dá um exemplo ainda mais surpreendente de acolhimento sem interesse:

> Depois trouxeram crianças a Jesus, para que lhes impusesse as mãos e orasse por elas. Mas os discípulos os repreendiam. Então disse Jesus: "Deixem vir a mim as crianças e não as impeçam; pois o Reino dos céus pertence aos que são semelhantes a elas."

É sabido, por meio de historiadores e outros pesquisadores, incluindo teólogos, que as crianças, assim como as mulheres, não eram sequer contadas em alguns censos. Ninguém dava importância nem dedicava muito tempo a elas. Daí a irritação dos discípulos. Todavia, Jesus não estava preocupado com isso. Ele acolhia as crianças com o coração igualmente aberto. Sem restrições.

Veja a orientação de Paulo presente em Filemom 15-17:

> Talvez ele tenha sido separado de você por algum tempo, para que você o tivesse de volta para sempre, não mais como escravo, mas, acima de escravo, como irmão amado. Para mim ele é um irmão muito amado, e ainda mais para você, tanto como pessoa quanto como cristão. Assim, se você me considera companheiro na fé, receba-o como se estivesse recebendo a mim.

Substitua o verbo "receber" por "acolher". Paulo diz que Filemom não deve ter reservas ao receber Onésimo, um irmão de fé que, tempos atrás, não era um bom colaborador na obra de Deus, chegando ao ponto de outrora ser considerado "inútil". Se Filemom o acolher, verá que vale a pena, pois Paulo já o tinha acolhido e visto a transformação pela qual Onésimo passou. E estava assinando embaixo, empenhando a própria reputação: "[...] se você me considera companheiro na fé, receba-o [...]", ou seja, acolha-o. E repare como a argumentação de Paulo é bem parecida com a que vimos alguns parágrafos atrás: "Para mim ele é um irmão muito amado [...] receba-o como se estivesse recebendo a mim." Ou seja, assim como Paulo acolheu Onésimo com amor, Filemom deve fazer a mesma coisa, e com a mesma liberalidade de coração.

Apesar de a Bíblia ser clara em relação ao acolhimento como um dos mandamentos recíprocos, há pessoas que se recusam a cumpri-lo. Veja o que está escrito em 3João 9-11:

> Escrevi à igreja, mas Diótrefes, que gosta muito de ser o mais importante entre eles, não nos recebe. Portanto, se eu for, chamarei a atenção dele para o que está fazendo com suas palavras maldosas contra nós. Não satisfeito com isso, ele se recusa a receber os irmãos, impede os que desejam recebê-los e os expulsa da

> igreja. Amado, não imite o que é mau, mas sim o que é bom. Aquele que faz o bem é de Deus; aquele que faz o mal não viu a Deus.

Diótrefes não apenas se recusava a acolher os irmãos de fé, ele também criava dificuldades para que outros pudessem fazê-lo. Ele promovia o afastamento, e não o acolhimento. Fazia o contrário do que fora recomendado. E os apóstolos enfatizavam a importância do acolhimento porque eles mesmos sofriam as consequências da dureza do coração das pessoas. Veja o que aconteceu com Paulo (na época, ainda chamado Saulo) ao chegar em Jerusalém: "Quando chegou a Jerusalém, tentou reunir-se aos discípulos, mas todos estavam com medo dele, não acreditando que fosse realmente um discípulo" (Atos 9:26). Ele fora transformado pela graça de Cristo, e agora era membro da família espiritual de Deus. No entanto, não era acolhido por seus irmãos de fé. O acolhimento era seletivo, cheio de restrições. Foi necessário que Barnabé desse testemunho a respeito da nova vida de Paulo.

Irmãos queridos, acolham-se uns aos outros. Esse é um mandamento extremamente importante para a construção de relacionamentos. Aceitem-se com um coração aberto, entendendo que somos diferentes entre nós, mas temos um Senhor em comum, e que faz do nosso irmão uma pessoa tão importante quanto eu e você aos olhos do Pai Celestial.

Antes de prosseguir...

...fale um pouco sobre o que você entende como "acolhimento". Da perspectiva apresentada neste livro, de que maneiras você pode acolher seu irmão de fé?

...pense nos casos bíblicos em que pessoas que se consideravam discípulas deixavam de acolher seus irmãos. Você já viveu ou presenciou situações desse tipo?

Saudai-vos uns aos outros

Saudar é um ato de reconhecimento externo, visível, da vida em união com Cristo que compartilhamos. É, também, uma sinalização do amor fraternal que temos uns para com os outros. Por isso está incluído aqui entre os mandamentos recíprocos que constroem relacionamentos. Há vários textos que nos apontam a importância dessa orientação, mas podemos destacar Romanos 16:16 como nossa principal referência: "Saúdem uns aos outros com beijo santo. Todas as igrejas de Cristo enviam-lhes saudações."

Nossa primeira impressão, ao ler esse versículo, é a de que o significado principal do mandamento é que os cristãos não devem ignorar a presença uns dos outros quando surgem oportunidades de interação, de comunicação, de demonstração de que nos importamos com aqueles que compartilham não apenas de nossa fé, mas da mesma comunidade de fé. Eles não estão ali, ao nosso lado, para fazer apenas número, e, sim, porque fazem diferença em nossa vida. Não há nada de errado nisso, está absolutamente dentro do projeto bíblico de igreja.

Contudo, há algo além que precisamos ter em mente: a recomendação é que a saudação tenha um elemento de santidade. Voltemos ao versículo: "Saúdem uns aos outros com beijo *santo*" (grifo do autor). Repare que esse beijo (ou "ósculo", em algumas versões bíblicas) vem com a classificação "santo". Ao saudar o irmão, mesmo que nem seja com beijo, você está dizendo implicitamente a ele: "Você e eu somos santos. Fomos separados para Deus, temos um chamado de Deus." Na saudação, transmitimos a graça e a paz aos nossos irmãos.

Note também que o versículo *não* diz: "Que tal vocês saudarem uns aos outros?" Não se trata de uma sugestão, e, sim, de um mandamento com efeito recíproco. "Saúdem uns aos outros" é uma ordem bíblica. O apóstolo Pedro amplia o tema quando diz: "Saúdem uns aos outros com beijo de santo amor. Paz a todos vocês que estão em Cristo" (1Pedro 5:14). O beijo, ou ósculo, é uma sinalização de amor. É como dizer ao irmão: "Meu amado, eu amo você e estamos ligados, vamos caminhar juntos para sempre, até que a morte nos separe." Isso é muito sério. Saudar é um ato de reconhecimento da nossa união com Cristo e de uns com os outros. É uma forma de celebrar essa unidade como Corpo de Cristo e em comunhão com ele.

A maneira de nos saudarmos, de acordo com os apóstolos, é o ósculo santo, o beijo mesmo, pois se tratava de um cumprimento muito comum no Oriente Médio — como ainda é em várias culturas. Mas isso não pode ser confundido com uma intimidade que nem sempre as pessoas possuem entre si. Existem pessoas mais formais, que foram criadas de um modo diferente em uma cultura diferente. Por exemplo, pode ser indelicado, ou mesmo ofensivo, beijar uma pessoa ao conhecê-la se ela for do Japão ou de algum dos vários países da Europa. Os norte-americanos não têm o costume de abraçar como os latinos, ainda mais quando estão sendo apresentados. Por isso, seja sábio e procure entender os limites que a irmã ou o irmão estabelecem para a saudação, que nem por isso precisa ser menos espiritual.

Além disso, é bom ter em mente que um abraço ou um beijo pode conter malícia, e não amor cristão. Você se lembra do sinal utilizado por Judas para entregar Jesus? Vamos recordar o texto de Mateus 26:47-50:

> Enquanto ele ainda falava, chegou Judas, um dos Doze. Com ele estava uma grande multidão armada de espadas e varas, enviada pelos chefes dos sacerdotes e líderes religiosos do povo. O traidor havia combinado um sinal com eles, dizendo-lhes: "Aquele a quem eu saudar com um beijo, é ele; prendam-no." Dirigindo-se imediatamente a Jesus, Judas disse: "Salve, Mestre!", e o beijou. Jesus perguntou: "Amigo, que é que o traz?" Então os homens se aproximaram, agarraram Jesus e o prenderam.

O ósculo santo devia ser uma prática comum entre Jesus e seus apóstolos, senão Judas não teria proposto esse sinal. Determinar que os guardas deveriam prender "aquele a quem eu saudar com um beijo" é uma indicação de que esse sinal era algo natural no trato entre as pessoas da época. Um ato de amor, de aceitação. Claro, não como Judas o fez. A forma de saudação pode variar de acordo com o lugar e a época, mas o princípio imutável é que os irmãos devem reconhecer, amar e saudar uns aos outros de maneira tão santa e amorosa, que o irmão saudado receba a mensagem dos dois mandamentos estudados anteriormente: "Eu amo e acolho você agora, assim como você é e está."

Devemos lembrar também que todos os irmãos merecem nossa atenção. "Então Pedro começou a falar: 'Agora percebo verdadeiramente que Deus não trata as pessoas com parcialidade, mas de todas as nações aceita todo aquele que o teme e faz o que é justo'" (Atos 10:34,35). Se Deus não faz acepção de pessoas, muito menos nós podemos ou devemos fazer.

Como vimos logo no início deste capítulo, a saudação é a porta de entrada da comunhão. Ela proporciona interação, estabelece uma comunicação, gera aproximação. E pode ter efeitos surpreendentes, como vemos no encontro entre Maria e Isabel, narrado em Lucas 1:39-45:

> Naqueles dias, Maria preparou-se e foi depressa para a uma cidade da região montanhosa da Judeia, onde entrou na casa de Zacarias e saudou Isabel. Quando Isabel ouviu a saudação de Maria, o bebê agitou-se em seu ventre, e Isabel ficou cheia do Espírito Santo. Em alta voz exclamou: "Bendita é você entre as mulheres, e bendito é o filho que você dará à luz! Mas por que sou tão agraciada, a ponto de me visitar a mãe do meu Senhor? Logo que a sua saudação chegou aos meus ouvidos, o bebê que está em meu ventre agitou-se de alegria. Feliz é aquela que creu que se cumprirá aquilo que o Senhor lhe disse!"

Antes de prosseguir...

...use o espaço a seguir para indicar as formas de saudação que você costuma usar. Acha que algo pode ou deve ser mudado na maneira como você saúda os irmãos de fé, a fim de demonstrar mais comunhão?

...reflita sobre os limites do respeito que os bons costumes e a decência exigem. Como isso determina a maneira como você saúda os irmãos de acordo com sua idade, sua condição, seu gênero, seu estado civil, entre outros aspectos?

Tende igual cuidado uns pelos outros

Prosseguindo com os mandamentos recíprocos estabelecidos para a construção de relacionamentos, chegamos a um ponto muito importante dessa interação entre os irmãos: o que significa termos "igual cuidado uns pelos outros", como a Palavra de Deus nos recomenda? A melhor maneira de começar a analisar essa orientação divina é revendo o texto em que ela está registrada de forma mais ampla: 1Coríntios 12.

> Irmãos, quanto aos dons espirituais, não quero que vocês sejam ignorantes. Vocês sabem que, quando eram pagãos, de uma forma ou de outra eram fortemente atraídos e levados para os ídolos mudos. Por isso, eu lhes afirmo que ninguém que fala pelo Espírito de Deus diz: "Jesus seja amaldiçoado"; e ninguém pode dizer: "Jesus é Senhor", a não ser pelo Espírito Santo. Há diferentes tipos de dons, mas o Espírito é o mesmo. Há diferentes tipos de ministérios, mas o Senhor é o mesmo. Há diferentes formas de atuação, mas é o mesmo Deus quem efetua tudo em todos. A cada um, porém, é dada a manifestação do Espírito, visando ao bem comum. Pelo Espírito, a um é dada a palavra de sabedoria; a outro, pelo mesmo Espírito, a palavra de conhecimento; a outro, fé, pelo

mesmo Espírito; a outro, dons de curar, pelo único Espírito; a outro, poder para operar milagres; a outro, profecia; a outro, discernimento de espíritos; a outro, variedade de línguas; e ainda a outro, interpretação de línguas. Todas essas coisas, porém, são realizadas pelo mesmo e único Espírito, e ele as distribui individualmente, a cada um, como quer. Ora, assim como o corpo é uma unidade, embora tenha muitos membros, e todos os membros, mesmo sendo muitos, formam um só corpo, assim também com respeito a Cristo. Pois em um só corpo todos nós fomos batizados em um único Espírito: quer judeus, quer gregos, quer escravos, quer livres. E a todos nós foi dado beber de um único Espírito. O corpo não é composto de um só membro, mas de muitos. Se o pé disser: "Porque não sou mão, não pertenço ao corpo", nem por isso deixa de fazer parte do corpo. E se o ouvido disser: "Porque não sou olho, não pertenço ao corpo", nem por isso deixa de fazer parte do corpo. Se todo o corpo fosse olho, onde estaria a audição? Se todo o corpo fosse ouvido, onde estaria o olfato? De fato, Deus dispôs cada um dos membros no corpo, segundo a sua vontade. Se todos fossem um só membro, onde estaria o corpo? Assim, há muitos membros, mas um só corpo. O olho não pode dizer à mão: "Não preciso de você!" Nem a cabeça pode dizer aos pés: "Não preciso de vocês!" Ao contrário, os membros do corpo que parecem mais fracos são indispensáveis, e os membros que pensamos serem menos honrosos, tratamos com especial honra. E os membros que em nós são indecorosos são tratados com decoro especial, enquanto os que em nós são decorosos não precisam ser tratados de maneira especial. Mas Deus estruturou o corpo dando maior honra aos membros que dela tinham falta, a fim de que não haja divisão no corpo, mas, sim, que todos os membros tenham igual cuidado uns pelos outros. Quando um membro sofre, todos os outros sofrem com

> ele; quando um membro é honrado, todos os outros se alegram com ele. Ora, vocês são o corpo de Cristo, e cada um de vocês, individualmente, é membro desse corpo. Assim, na igreja, Deus estabeleceu primeiramente apóstolos; em segundo lugar, profetas; em terceiro lugar, mestres; depois os que realizam milagres, os que têm dons de curar, os que têm dom de prestar ajuda, os que têm dons de administração e os que falam diversas línguas. São todos apóstolos? São todos profetas? São todos mestres? Têm todos o dom de realizar milagres? Têm todos dons de curar? Falam todos em línguas? Todos interpretam? Entretanto, busquem com dedicação os melhores dons. Passo agora a mostrar-lhes um caminho ainda mais excelente.

A fim de entendermos o significado desse mandamento recíproco, precisamos primeiro compreender o conceito de *Corpo de Cristo*. Aqui está a chave deste ensino, especialmente a partir do versículo 12. Paulo está escrevendo essa carta para os irmãos de Corinto, uma igreja da Grécia com muitos desafios, muitas dificuldades, muitas lutas. O cuidado que Paulo tinha com esse ministério era singular. E ele faz questão de enfatizar: "Ora, assim como o corpo é uma unidade, embora tenha muitos membros, e todos os membros, mesmo sendo muitos, formam um só corpo, assim também com respeito a Cristo." Preste atenção: Paulo está fazendo uma analogia, uma comparação da Igreja com um corpo. Temos aqui um corpo humano como simbologia de um corpo espiritual.

O corpo humano não é composto de um só um membro, mas de muitos. Se nosso pé falasse e resolvesse conversar com a mão, e estivesse, um dia, de mau humor, poderia comentar: "Não sou mão como você, então não sou parte do corpo." Mesmo que ele dissesse isso, nem assim deixaria de ser membro do corpo humano. Por menos que algum irmão se reconheça como membro do Corpo de Cristo, o fato é que ele é tão importante para a Igreja quanto qualquer um de nós. Não precisa ser pastor, não precisa ser líder de ministério para ter seu valor reconhecido. Todos, sem exceção, têm uma função nesse Corpo.

"De fato, Deus dispôs cada um dos membros no corpo, segundo a sua vontade. Se todos fossem um só membro, onde estaria o corpo? Assim, há muitos membros, mas um só corpo." Quando nos criou, Deus colocou cada um dos membros de nosso corpo no lugar em que ele bem quis, e com a função que lhe aprouve. O que você faria sem o seu dedo mínimo — ou mindinho, como a gente costuma falar? Não daria nem para se coçar direito! Dependemos do olho, mas também dos cílios que o protegem. É importante termos braços e ombros, e estão lá as axilas para nos ajudar a transpirar. Agradeça a Deus o pulmão, e também não esqueça que os pelinhos no nariz ajudam a filtrar várias impurezas antes mesmo de o ar encher o peito.

Deus coloca as pessoas no Corpo, uma diferente da outra, uma mais habilidosa com trabalhos manuais, outra mais jeitosa nas artes, e outra ainda perita em eletricidade ou construção. Uma é diferente da outra. Para quê? O versículo 25 responde: "[...] a fim de que não haja divisão no corpo, mas, sim, que todos os membros tenham igual cuidado uns pelos outros." Aí estão as duas razões. Primeiro, para não haver divisão no corpo, para que haja cooperação entre os membros do corpo, com igual cuidado em favor uns dos outros. Nós existimos por causa dos outros. Somos membros de um corpo, de um organismo. Tanto quanto temos um corpo humano que depende de cada um dos nossos membros, assim também, no Corpo de Cristo, dependemos uns dos outros. Por isso insisto: igreja não é clube porque clube não é Corpo de Cristo.

A segunda razão nos leva ao mandamento recíproco que estamos estudando aqui: por dependermos de cada parte do Corpo, somos também responsáveis por cada uma delas. Ou seja, devemos ter igual cuidado uns pelos outros. Deixe de cuidar de seus dentes e veja o resultado para sua saúde. Coma muitas frituras e logo vai ver como seu fígado vai reagir. Aspire fumaça para dentro do pulmão desde a juventude e imagine como vai respirar na velhice. Cuidamos de todas as partes do corpo porque queremos que tudo funcione bem. Ninguém quer disputar uma maratona com uma perna quebrada, isso só a deixaria pior. Primeiro tratamos a perna, esperando que fique sã de novo, e só então voltamos a treinar.

Agora, projetando esse conceito para a vida em comunidade de fé — ter igual cuidado uns pelos outros é o mesmo que mostrar igual interesse pelo bem-estar e pelo sucesso de cada membro do Corpo de Cristo. E a motivação deve ser o reconhecimento pleno e a aceitação total do valor que esse irmão tem, bem como da função que ele recebeu de Deus para exercer um ministério útil ao Corpo. Quem valoriza cuida, como o próprio Pai Celestial faz conosco. Vejamos alguns versículos que reafirmam essa verdade:

- "Observem as aves do céu: não semeiam nem colhem nem armazenam em celeiros; contudo, o Pai celestial as alimenta. Não têm vocês muito mais valor do que elas?" (Mateus 6:26).
- "Portanto, não tenham medo; vocês valem mais do que muitos pardais!" (Mateus 10:31).
- "Quanto mais vale um homem do que uma ovelha! Portanto, é permitido fazer o bem no sábado" (Mateus 12:12).
- "Pois, que adianta ao homem ganhar o mundo inteiro e perder a sua alma? Ou, o que o homem poderia dar em troca de sua alma?" (Marcos 8:36,37).

Agora que ficou claro para nós a importância desse mandamento recíproco, gostaria de refletir com você sobre as implicações envolvidas em sua prática. Para que tenhamos igual cuidado uns pelos outros, é necessário que levemos em conta alguns aspectos:

1. Não haver arrogância ou orgulho da parte daqueles que são mais maduros ou que possuem dons e ministérios mais visíveis. 1Coríntios 12:21 diz: "O olho não pode dizer à mão: 'Não preciso de você!' Nem a cabeça pode dizer aos pés: 'Não preciso de vocês!'" Romanos 14 é um capítulo todo dedicado a essa questão das diferenças entre a vida dos irmãos e de como devemos respeitar e honrar o que cada um recebeu do Senhor. "Nós, que somos fortes, devemos suportar as fraquezas dos fracos, e não agradar a nós mesmos. Cada um de nós deve agradar ao seu próximo para o bem dele, a fim de edificá-lo" (Romanos 15:1,2).
2. Não existir inveja ou ciúme da parte dos que possuem dons ou ministérios menos visíveis. O fato de trabalharem para o Senhor de maneira mais discreta não significa que são menos importantes para o funcionamento do Corpo de Cristo. Já vimos o que nos diz 1Coríntios 12:15,16: "Se o pé disser: 'Porque não sou mão, não pertenço ao corpo', nem por isso deixa de fazer parte do corpo. E se o ouvido disser: 'Porque não sou olho, não pertenço ao corpo', nem por isso deixa de fazer parte do corpo".
3. Que todos reconheçam que seu ministério e seu dom são importantes para o bem-estar de todo o Corpo, devendo por isso exercer esse ministério ou dom de maneira diligente, responsável, humilde e em excelência, de acordo com a medida da fé que possuem. "Quem vive segundo a carne tem a mente voltada para o que a carne deseja; mas quem vive de acordo com o Espírito tem a mente voltada para o que o Espírito deseja. A mentalidade da carne é morte, mas a mentalidade do Espírito é vida e paz; a mentalidade da carne é inimiga de Deus porque não se submete à Lei de Deus, nem pode fazê-lo. Quem é dominado pela carne não pode agradar a Deus" (Romanos 8:5-8).

4. Que todos os membros do Corpo se interessem e intercedam pela saúde não apenas espiritual, mas de todas as áreas da vida dos demais membros, e que o façam com generosidade, compaixão e de modo deliberado. Como nos alerta 1Coríntios 12:26,27: "Quando um membro sofre, todos os outros sofrem com ele; quando um membro é honrado, todos os outros se alegram com ele. Ora, vocês são o corpo de Cristo, e cada um de vocês, individualmente, é membro desse corpo." Também lemos em Romanos 12:15: "Alegrem-se com os que se alegram; chorem com os que choram." A solidariedade é parte fundamental desse mandamento recíproco.
5. Que todos se alegrem com o irmão que, por alguma razão, recebe uma honra especial. É o que acabamos de ler em 1Coríntios 12:26: "Quando um membro sofre, todos os outros sofrem com ele; quando um membro é honrado, todos os outros se alegram com ele." Em vez de nutrir inveja, pense como Paulo indica em Romanos 12:15 e compartilhe a alegria de ver que o Senhor tem algum propósito na vida de seu irmão. Vá além: descubra se há alguma maneira de cooperar para que ele seja bem-sucedido em seu ministério ou no exercício de seu dom.

"Tenham igual cuidado uns pelos outros." Cuidem-se, respeitem-se, amem-se, reconheçam-se, valorizem-se. É o que Cristo faz por você, e é o que ele espera que façamos uns pelos outros como sua Igreja.

Antes de prosseguir...

...faça uma lista de cuidados que gostaria que tivessem por você. Ao analisar essa lista, você pode dizer com segurança que dedica o mesmo cuidado e interesse por seus irmãos de fé?

...analise suas habilidades, seus dons, suas capacidades — não apenas para produzir coisas, mas também nos relacionamentos. Consegue perceber o enorme valor que você tem não apenas para a Igreja, mas para os irmãos individualmente?

Sujeitai-vos uns aos outros

Sejamos francos: a palavra *sujeitar* não é das mais simpáticas, especialmente quando se trata de identificar nossa atitude em relação aos outros. Ela remete à ideia de submissão, de obediência ou de dependência, e é difícil encontrar alguém que não se importe em fazer o que as outras pessoas querem sem direito a questionar. É claro que todo mundo entende a importância da hierarquia, já que lidamos com ela o tempo inteiro, tanto no trabalho como na família, na escola ou mesmo na rua — se um guarda manda você parar o carro, a melhor coisa a fazer é acatar. Mas sujeitar-se passa a ideia de que temos de fazer tudo o que as outras pessoas querem ou concordar com tudo o que elas dizem.

Contudo, ao considerarmos a sujeição com base no mandamento recíproco estudado neste capítulo, vemos que Deus espera outra atitude de nossa parte em relação a nossos irmãos de fé. Para começarmos a entender o princípio bíblico e, principalmente, neotestamentário (relativo ao Novo Testamento) da sujeição, vamos à Palavra de Deus em Efésios 5:21: "Sujeitem-se uns aos outros, por temor a Cristo."

Repare que há um contexto de sujeição que vem logo depois da orientação: "[...] por temor a Cristo." Para que entendamos que tipo de mandamento recíproco é esse, é importante entendermos que o temor a Cristo — e, consequentemente, a submissão a ele — vem em primeiro lugar. E, como ele nos fez filhos de Deus, amigos de Deus, família de Deus, significa que todos aqueles que estão debaixo da autoridade de Cristo são iguais.

Ora, se todos são igualmente filhos, e se estão na mesma condição de sujeição a Cristo, isso significa que a sujeição uns aos outros não é na base da relação entre um superior e um subalterno, imposta pela hierarquia. Nada disso: é uma sujeição baseada em graça, em amor fraternal, em cuidado uns pelos outros. Sujeitar-se, submeter-se ou subordinar-se significa que cada um se considera debaixo da autoridade, da influência da medida da graça que o Senhor deu aos irmãos, cooperando facilmente uns com os outros. Você, minha irmã ou meu irmão em Cristo, é tão importante e tem tanto valor para mim, que vou cooperar para sua honra.

Repare que esse mandamento recíproco está relacionado intimamente com um versículo importante da Palavra, de modo a compreendermos a essência e a dimensão desse tipo de sujeição que a Bíblia menciona: "Dediquem-se uns aos outros com amor fraternal. Prefiram dar honra aos outros mais do que a si próprios. Nunca lhes falte o zelo, sejam fervorosos no espírito, sirvam ao Senhor" (Romanos 12:10,11). Veja como a sujeição, quando se trata do relacionamento entre irmãos de fé, está vinculada ao cuidado, ao zelo. Se existe alguma hierarquia aqui, é a do amor fraternal — você se sujeita à irmã ou ao irmão porque deseja o melhor para ela ou ele.

Isso fica ainda mais claro nas orientações contidas em Filipenses 2:3-16, em que o apóstolo Paulo desdobra essa questão ao abordar a atitude que um cristão deve demonstrar em relação a outro:

> Nada façam por ambição egoísta ou por vaidade, mas humildemente considerem os outros superiores a si mesmos. Cada um

> cuide, não somente dos seus interesses, mas também dos interesses dos outros. Seja a atitude de vocês a mesma de Cristo Jesus, que, embora sendo Deus, não considerou que o ser igual a Deus era algo a que devia apegar-se; mas esvaziou-se a si mesmo, vindo a ser servo, tornando-se semelhante aos homens. E, sendo encontrado em forma humana, humilhou-se a si mesmo e foi obediente até a morte, e morte de cruz! Por isso Deus o exaltou à mais alta posição e lhe deu o nome que está acima de todo nome, para que ao nome de Jesus se dobre todo joelho, nos céus, na terra e debaixo da terra, e toda língua confesse que Jesus Cristo é o Senhor, para a glória de Deus Pai. Assim, meus amados, como sempre vocês obedeceram, não apenas na minha presença, porém muito mais agora na minha ausência, ponham em ação a salvação de vocês com temor e tremor, pois é Deus quem efetua em vocês tanto o querer quanto o realizar, de acordo com a boa vontade dele. Façam tudo sem queixas nem discussões, para que venham a tornar-se puros e irrepreensíveis, filhos de Deus inculpáveis no meio de uma geração corrompida e depravada, na qual vocês brilham como estrelas no universo, retendo firmemente a palavra da vida. Assim, no dia de Cristo eu me orgulharei de não ter corrido nem me esforçado inutilmente.

Note que essa passagem bíblica não fala sobre uma estrutura de hierarquia entre os irmãos — a não ser, é claro, a autoridade de Cristo sobre sua Igreja. Ao falar em considerar os irmãos superiores, Deus fala tanto com as pessoas que não têm nenhum cargo na igreja quanto com o corpo pastoral. Vai de uma ponta à outra. Não importa se meu cargo na igreja local é diretor disso, pastor daquilo ou líder daquela outra coisa: por amor a Cristo, que é a única autoridade espiritual, eu devo cuidado, carinho, zelo e sujeição ao meu irmão de fé.

Quando há em nós temor a Cristo, ou seja, quando levamos Cristo a sério, começa a ocorrer um fenômeno espiritual: nós aprendemos a nos submeter aos outros. Isso porque o Reino de Deus é um Reino organizado. Nele não há (ou, pelo menos, não deve haver) disputa. Ela existe na escola, na empresa, às vezes dentro do lar, dentro da família. O que existe no Reino de Deus é cooperação. Há apenas uma estrela, que se chama Jesus. Como irmãos, e debaixo do temor de Cristo, somos iguais diante de Deus. Acabou a crise, você não precisa mais provar nada para ninguém. Assim, não há nada de inferior em sujeitar-se, submeter-se aos seus irmãos.

Sou levado a crer que essa sujeição baseada no amor e na cooperação é normal, é natural no Reino de Deus. Quando você vê alguém dentro da igreja não se submetendo ao irmão, não tratando o irmão com honra, com cuidado, com amor, com doçura, alguma coisa está errada. Se alguém entra em um templo para adorar ao Senhor achando-se melhor que os outros ou superior a alguém, essa pessoa está precisando de repreensão ou orientação, pois isso não é bíblico. No passado, era comum entrar em algumas igrejas suntuosas da Europa e ver algumas divisões na distribuição dos assentos para as pessoas. Os mais humildes ocupavam as posições mais distantes do altar, às vezes até sem lugar para sentar. Os mais ricos, que patrocinavam as obras de construção e acabamento e os custos de manutenção, ficavam bem em frente ao altar, separados do povo menos favorecido por uma espécie de cerca. E havia até quem ocupasse cadeiras no próprio altar. Até hoje, algumas igrejas preservam essa distribuição de assentos por questão de tradição.

Essa hierarquia era puramente humana. Há outra estrutura de autoridade divina, como veremos a seguir:

- Pai, Filho e Espírito Santo são iguais entre si: "Portanto, vão e façam discípulos de todas as nações, batizando-os em nome do Pai e do Filho e do Espírito Santo" (Mateus 28:19).

- O Pai enviou o Filho: "Disse Jesus: 'A minha comida é fazer a vontade daquele que me enviou e concluir a sua obra'" (João 4:34).
- O Filho veio: "Eu vim do Pai e entrei no mundo" (João 16:28).
- O Filho é obediente ao Pai: "Então Jesus disse: 'Quando vocês levantarem o Filho do homem, saberão que Eu Sou, e que nada faço de mim mesmo, mas falo exatamente o que o Pai me ensinou'" (João 8:28).
- O Filho enviou o Espírito Santo: "Mas o Conselheiro, o Espírito Santo, que o Pai enviará em meu nome, lhes ensinará todas as coisas e lhes fará lembrar tudo o que eu lhes disse" (João 14:26).
- O Espírito Santo veio: "Deus ressuscitou este Jesus, e todos nós somos testemunhas desse fato. Exaltado à direita de Deus, ele recebeu do Pai o Espírito Santo prometido e derramou o que vocês agora veem e ouvem" (Atos 2:32,33).
- O Espírito Santo é obediente ao Filho: "Tenho ainda muito que lhes dizer, mas vocês não o podem suportar agora. Mas quando o Espírito da verdade vier, ele os guiará a toda a verdade. Não falará de si mesmo; falará apenas o que ouvir, e lhes anunciará o que está por vir. Ele me glorificará, porque receberá do que é meu e o tornará conhecido a vocês. Tudo o que pertence ao Pai é meu. Por isso eu disse que o Espírito receberá do que é meu e o tornará conhecido a vocês" (João 16:12-15).
- Um procura agradar e glorificar o outro: "Depois de dizer isso, Jesus olhou para o céu e orou: 'Pai, chegou a hora. Glorifica o teu Filho, para que o teu Filho te glorifique'" (João 17:1); "Por isso Deus o exaltou à mais alta posição e lhe deu o nome que está acima de todo nome, para que ao

nome de Jesus se dobre todo joelho, nos céus, na terra e debaixo da terra" (Filipenses 2:9,10).

Esse estado de perfeito equilíbrio e harmonia, em amor e submissão da Trindade, deveria ser vivido entre os seres e as coisas criados por Deus. No entanto, todo o universo se tornou desorganizado quando a rebelião entrou na história, primeiro através de Lúcifer nas regiões celestes, depois com Adão na Terra (Isaías 14:12-20; Ezequiel 28:1-19; Gênesis 3:1-19; 1Samuel 15:22,23; Romanos 5:19). Ainda assim, o Senhor preparou um plano de restauração desde a fundação do mundo.

A submissão é, portanto, a atitude fundamental para que a autoridade, o Reino, o governo de Deus seja manifesto aqui na terra e nos céus. Esse espírito de submissão nos faz entrar na sociedade cristã e viver sob a estrutura da autoridade divina, conforme Colossenses 2:5-7:

> Porque, embora esteja fisicamente longe de vocês, em espírito estou presente, e me alegro em ver como estão vivendo em ordem e como está firme a fé que vocês têm em Cristo. Portanto, assim como vocês receberam Cristo Jesus, o Senhor, continuem a viver nele, enraizados e edificados nele, firmados na fé, como foram ensinados, transbordando de gratidão.

Queridas irmãs, queridos irmãos, tenho plena consciência de que, embora eu tenha um chamado do Senhor para a obra pastoral, estou sujeito a cada um dos membros de minha igreja e, de forma geral, a todos os meus irmãos de fé. E essa sujeição, essa minha disposição de ser sujeito a você, materializa-se no serviço. É assim que devemos todos viver, nessa disposição de considerar os outros tão valiosos e preciosos a ponto de trabalharmos para que sejam edificados e honrados.

Antes de prosseguir...

...imagine algumas situações em que você cumpriu esse mandamento recíproco e se sujeitou ao irmão de fé. Quais foram os resultados práticos dessa atitude em sua vida e em sua igreja?

...tente lembrar-se de momentos em que você ou outras pessoas de sua comunidade de fé não agiram de acordo com essa orientação bíblica e deixaram de se sujeitar uns aos outros. Que tipo de prejuízo essa atitude causou aos relacionamentos dentro da igreja?

Suportai-vos uns aos outros

O mandamento recíproco do capítulo anterior não era, a princípio, um dos mais simpáticos, mas, no desenvolvimento do tema, vimos que havia um significado mais amplo em "sujeitar-se". A mesma coisa deve acontecer agora, pois, em nosso idioma, a palavra *suportar* tem uma acepção que costuma ser a primeira a vir à nossa mente: aturar alguém ou alguma coisa desagradável. Isso fica claro quando dizemos coisas como: "Eu não suporto meu vizinho"; "Este calor está insuportável"; "Não sei até quando vou suportar minha patroa."

Mas "suportar" tem a mesma raiz de outra palavra que costumamos usar de maneira bastante positiva, que é "suporte" no sentido de "algo que apoia". Quando uma casa é construída, é importante que tenha um bom suporte para as paredes. Para garantir que uma mesa fique firme, usamos um suporte. Damos suporte a um parente ou amigo em necessidade. Assim, vemos que o mandamento recíproco abordado neste capítulo tem muito mais a ver com essa segunda acepção. Afinal, é isto que o Senhor espera de nós como irmãos de fé: que sejamos capazes de oferecer apoio emocional, espiritual e, eventualmente, até financeiro uns aos outros.

O versículo que serve de referência a esse mandamento recíproco está em Efésios 4:2: "Sejam completamente humildes e dóceis, e sejam pacientes, suportando uns aos outros com amor." Na Igreja do primeiro século, havia pessoas das mais diversas camadas sociais vivendo lado a lado. Era grande a variedade de opiniões, bem como o grau de maturidade e fé. Em um cenário como esse, é muito fácil encontrar conflitos de opinião, sentimentos de rejeição por questões relacionadas às diferenças de comportamento e cultura, antagonismos, antipatias, picuinhas e até aquela famosa formação de *panelinhas*, entre outros problemas. "Naqueles dias, crescendo o número de discípulos, os judeus de fala grega entre eles se queixaram dos judeus de fala hebraica, porque suas viúvas estavam sendo esquecidas na distribuição diária de alimento" (Atos 6:1).

Imagine como estava a situação em Jerusalém. As viúvas dos judeus e as viúvas dos gregos estavam enfrentando sérios conflitos. Naquela época, quando não existia Previdência Social, era a igreja que cuidava das mulheres que tinham perdido o marido por conta de um acidente, de uma doença ou de uma guerra. Era um tempo em que as mulheres raramente trabalhavam fora, e, quando o marido falecia, se não tivessem filhos, ficavam sem sustento. Cabia à igreja zelar por elas, só que havia um privilégio dado às viúvas dos judeus. A igreja tinha nascido entre eles, por isso muitos dos principais líderes eram judeus convertidos que favoreciam as viúvas judias. E as viúvas dos gregos, por serem consideradas gentias, estavam sendo desprezadas. Foi por isso que os apóstolos daqueles dias se levantaram e instituíram os diáconos para cuidar de assuntos dessa natureza e estabelecer justiça nos relacionamentos entre as pessoas, sem essa formação de *panelinhas*, sem esses privilégios dados a uns e tirados de outros. E esse era apenas um entre muitos fatores de divisão.

Honestamente, não é muito diferente da situação atual das comunidades locais. De vez em quando se ouve falar de uma igreja que se separou de outra igreja que, por sua vez, já era uma divisão de outra igreja, e assim por diante. Ficamos tão preocupados com o que nos separa, que esquecemos que algo muito maior nos une: a fé no nosso Senhor e Salvador Jesus Cristo, o Unigênito do Pai, que habita em nós na pessoa do Espírito Santo. Podemos discordar em alguns pontos, como batismo no Espírito Santo e dons espirituais, batismo por imersão ou aspersão, tipo de governo das igrejas locais, mas nenhuma dessas coisas é mais importante do que a pessoa de Cristo, que deve (ou deveria) ser motivo suficiente para convivermos com essas diferenças, suportando-nos uns aos outros em amor. "O amor [...] Tudo sofre, tudo crê, tudo espera, tudo suporta" (1Coríntios 13:6,7). Jesus, mesmo sendo Deus no meio de pecadores incrédulos (Marcos 9:19), suportou os homens até o fim. E até mesmo Judas Iscariotes, o traidor, como lemos em João 13:1-11:

> Um pouco antes da festa da Páscoa, sabendo Jesus que havia chegado o tempo em que deixaria este mundo e iria para o Pai, tendo amado os seus que estavam no mundo, amou-os até o fim. Estava sendo servido o jantar, e o Diabo já havia induzido Judas Iscariotes, filho de Simão, a trair Jesus. Jesus sabia que o Pai havia colocado todas as coisas debaixo do seu poder, e que viera de Deus e estava voltando para Deus; assim, levantou-se da mesa, tirou sua capa e colocou uma toalha em volta da cintura. Depois disso, derramou água numa bacia e começou a lavar os pés dos seus discípulos, enxugando-os com a toalha que estava em sua cintura. Chegou-se a Simão Pedro, que lhe disse: "Senhor, vais lavar os meus pés?" Respondeu Jesus: "Você não compreende agora o que estou lhe fazendo; mais tarde, porém, entenderá." Disse Pedro: "Não; nunca lavarás os meus pés!" Jesus respondeu: "Se eu não os lavar, você não terá parte comigo." Respondeu Simão Pedro: "Então, Senhor, não apenas os meus pés, mas também as minhas mãos e a minha cabeça!" Respondeu Jesus: "Quem já se banhou precisa apenas

> lavar os pés; todo o seu corpo está limpo. Vocês estão limpos, mas nem todos." Pois ele sabia quem iria traí-lo, e por isso disse que nem todos estavam limpos.

Pelo fato de nos amar, Jesus suportou até mesmo a grande afronta da cruz: "Ele, pela alegria que lhe fora proposta, suportou a cruz, desprezando a vergonha, e assentou-se à direita do trono de Deus" (Hebreus 12:2). Paulo também era capaz de suportar tudo por amor do evangelho e dos irmãos, como lemos em 1Coríntios 9:12: "Se outros têm direito de ser sustentados por vocês, não o temos nós ainda mais? Mas nós nunca usamos desse direito. Ao contrário, suportamos tudo para não colocar obstáculo algum ao evangelho de Cristo". Era o amor por seus irmãos de fé que o encorajava a agir assim. "Por isso, tudo suporto por causa dos eleitos, para que também eles alcancem a salvação que está em Cristo Jesus, com glória eterna" (2Timóteo 2:10).

Um dos principais valores desse mandamento recíproco é que ele contribui de forma decisiva para preservarmos a unidade do Espírito. É assim que compomos, de fato, a família de Deus, o Corpo de Cristo, e, dessa forma, chegamos à unidade da fé. Sempre, é claro, unidos no amor de Cristo Jesus, que é o vínculo perfeito, como lemos em Colossenses 3:12-14:

> Portanto, como povo escolhido de Deus, santo e amado, revistam-se de profunda compaixão, bondade, humildade, mansidão e paciência. Suportem-se uns aos outros e perdoem as queixas que tiverem uns contra os outros. Perdoem como o Senhor lhes perdoou. Acima de tudo, porém, revistam-se do amor, que é o elo perfeito.

Antes de prosseguir...

...enumere as situações nas quais você tem maior dificuldade de suportar seus irmãos de fé. Você conseguiria identificar em quais delas o problema está mais relacionado com alguma limitação sua do que dos irmãos?

...tente fazer uma lista de seus comportamentos e de suas atitudes com potencial para criar conflitos com outras pessoas. O que você pode fazer para melhorar nesses aspectos?

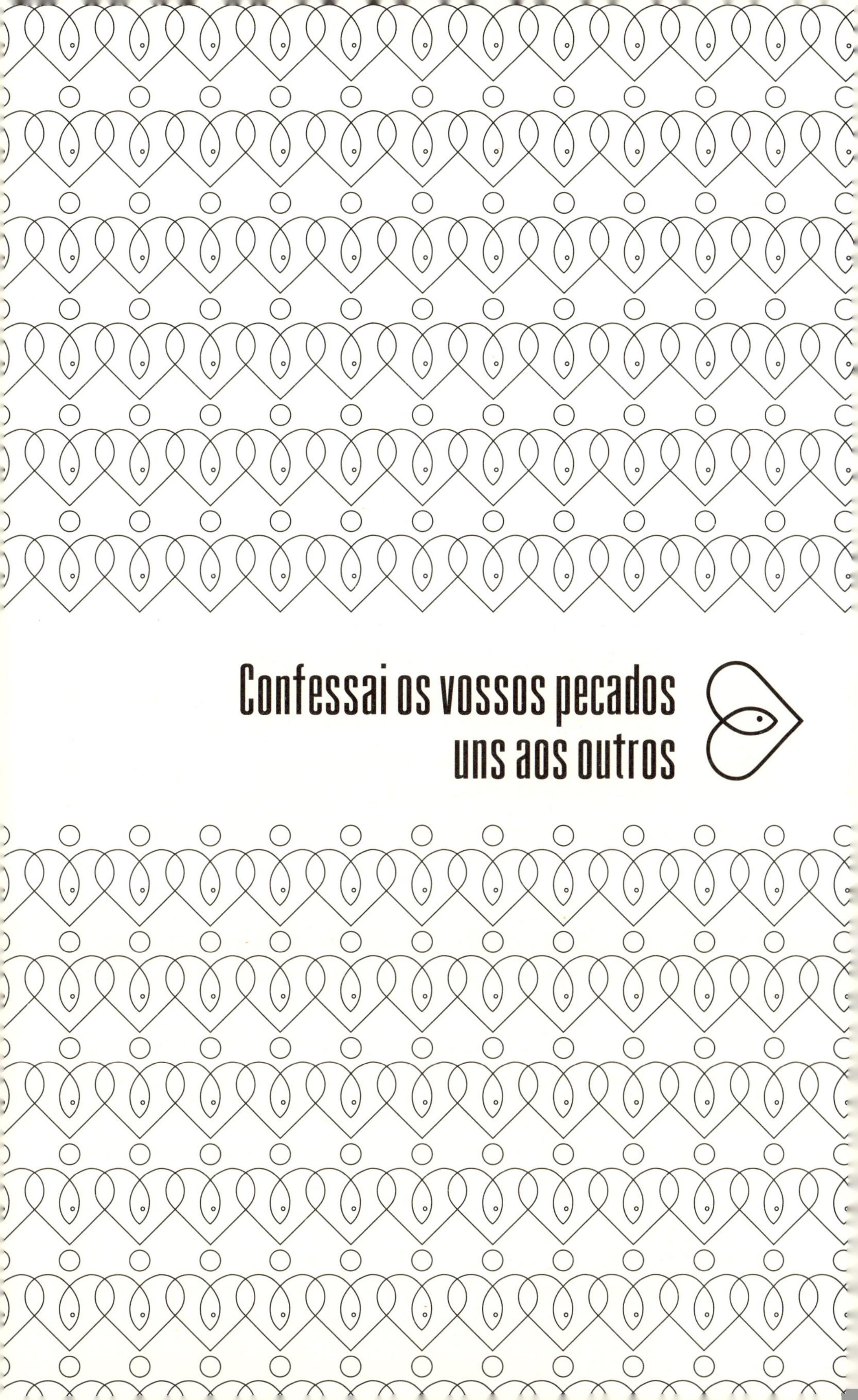

Confessai os vossos pecados uns aos outros

Os próximos dois mandamentos recíprocos que vamos abordar são extremamente importantes, mas também muito delicados, pois, de alguma forma, eles estão interligados. Lembra-se da oração que Jesus ensinou em Mateus, capítulo 6? Mais especificamente, no versículo 12, lemos: "Perdoa as nossas dívidas, assim como perdoamos aos nossos devedores." Em uma versão bíblica em linguagem contemporânea, o texto diz: "Perdoa as nossas ofensas como também nós perdoamos as pessoas que nos ofenderam" (NTLH[3]). Ou seja, somos pecadores, por isso precisamos de perdão, mas os nossos irmãos de fé também são, e eles precisam do mesmo perdão que desejamos para nós. Admitir o pecado em busca de perdão está na mesma frase em que se lê que devemos oferecer perdão aos que pecam. Por isso, vamos seguir essa ordem e começar pelo mandamento recíproco contido em Tiago 5:16: "Portanto, confessem os seus pecados uns aos outros e orem uns pelos outros para serem curados. A oração de um justo é poderosa e eficaz."

Falar de nossos pecados não é nada fácil porque, para isso, é preciso admiti-los. Antes de mais nada, admitir para si mesmo, o

3. Versão bíblica: Nova Tradução na Linguagem de Hoje.

que já é complicado. Estamos sempre encontrando desculpas para transferir nossos erros a outras pessoas ou circunstâncias. Chegou atrasado a uma reunião importante? A culpa foi da chuva, apesar de todo mundo saber que, em dia de chuva, é melhor sair mais cedo de casa para qualquer compromisso. O irmão ficou triste por alguma coisa dura que falei? Ninguém manda ele ser tão sensível, eu é que não preciso ser cuidadoso com minhas palavras. Está passando por crise no casamento? A culpa só pode ser do cônjuge, pois eu estou fazendo sempre o maior esforço para tudo dar certo.

Assim, admitir o pecado para si é uma atitude que exige humildade e coragem. Vamos meditar um pouco sobre isso, começando com a questão da humildade. A Bíblia fala muito sobre isso. O humilde de coração é bem-aventurado porque receberá a terra por herança (Mateus 5:5). Em Jó 5:11, lemos: "Os humildes, ele [Deus] os exalta, e traz os que pranteiam a um lugar de segurança." Lucas 1:52 diz que o Senhor "derrubou governantes dos seus tronos, mas exaltou os humildes". "O orgulho do homem o humilha, mas o de espírito humilde obtém honra", declara Provérbios 29:23. Querida leitora, querido leitor, reparem que a recompensa divina para a humildade é a honra. Enquanto permanecemos na arrogância, achando que o problema está sempre nos outros, perdemos as bênçãos. No entanto, a partir do momento em que reconhecemos que somos pecadores, que cometemos erros e que nada somos sem a ajuda de Deus, o Senhor diz: "Agora, sim, você reconheceu seu orgulho, admitiu que depende de mim e, por isso, está pronto para coisas maiores."

Além disso, reconhecer o pecado é uma atitude de coragem, porque exige uma iniciativa em relação aos irmãos. Viver em comunidade de fé exige esse cuidado. Se eu entendo que realmente entristeci o Senhor ou outra pessoa, preciso estar pronto para restaurar o laço que nos une. Se não fizer isso, a igreja como um todo sofre, pois isso compromete a unidade. É por esse motivo que a confissão de pecados está aqui, listada entre os mandamentos recíprocos — porque tem relação direta com a saúde da igreja. E começa no nosso coração: eu preciso ter a coragem de reconhecer que errei e que preciso consertar a relação com Deus e com os irmãos, não importa o preço a pagar por isso.

Admitir os pecados para si é o começo. Se pecamos, reconhecemos esse pecado e nos arrependemos dele, passamos para a etapa seguinte, que é confessar o pecado a Deus. Vamos ver o que a Bíblia diz em 1João 1:8-10:

> Se afirmarmos que estamos sem pecado, enganamos a nós mesmos, e a verdade não está em nós. Se confessarmos os nossos pecados, ele é fiel e justo para perdoar os nossos pecados e nos purificar de toda injustiça. Se afirmarmos que não temos cometido pecado, fazemos de Deus um mentiroso, e a sua palavra não está em nós.

Quando confessamos nossos pecados a Deus, quem nos perdoa? Sim, o Senhor perdoa os pecados quando os confessamos em arrependimento. Agora, e quando nós confessamos a um irmão? Somos curados. Aqui, você pode notar a importância da vida da Igreja como uma família de Deus: quando confessamos os pecados a Deus, ele nos perdoa, mas não pode parar aí. Precisamos de nossos irmãos de fé para que esse processo continue. Não me refiro a qualquer pessoa, mas a irmãos que possuem experiência de vida, dedicados ao aconselhamento, com um ministério de discipulado bem claro. Em outras palavras, referências de fé e caráter que tenham sabedoria para ouvir a confissão e conduzir o irmão à reconciliação com Deus e com as pessoas impactadas por seu pecado.

Não estou querendo dizer que é algo fácil. Talvez até devesse ser, mas nosso orgulho atrapalha. A gente pensa: "Eu vou morrer de vergonha se tiver de dizer que defraudei um irmão ou uma irmã." Ou então: "Se eu contar a alguém que cometi aquele pecado, essa pessoa vai perder o respeito por mim." Assim, em vez de confessar, a pessoa guarda para si o pecado, por mais que a incomode. É por essa razão que existe muita gente doente nos pecados, sem conseguir vencer nunca: porque não abriu seu coração para uma pessoa mais madura, responsável, que seja capaz de cuidar dela.

Isso nos ajuda muito a entender a razão dos grupos ou das células. O pastor não consegue cuidar de todas as pessoas na igreja. Dependendo do tamanho da igreja e de quantos ministérios possua, nem mesmo os pastores auxiliares dão conta. Mas, quando uma igreja forma lideranças para cuidar de grupos menores que se reportam à liderança geral, é possível tratar — ou, usando o termo bíblico do texto de Tiago 5:16, curar — um a um dos irmãos, e a unidade não se perde.

É claro que nem todos são chamados ou capacitados para ouvir uma confissão e cuidar do irmão que a fez. O líder com essa responsabilidade deve ser um irmão mais maduro, espiritualmente falando. Ele deve também preparar outros auxiliares para que possam ajudar as pessoas. Se tenho alguém em quem eu possa confiar para contar meu pecado, essa pessoa espiritualmente madura me ajudará a cuidar da minha fraqueza. Vai orar por mim e me acompanhar, vai discipular-me, e eu vou prestar contas a ela. Note bem, não é para sair por aí contando a história do nosso pecado a qualquer um ou a todo mundo. Nem precisamos entrar em detalhes constrangedores, desde que fique claro, para a pessoa a quem faremos a confissão, qual é o tipo de problema que estamos enfrentando. Não é necessário dizer: "Olha, no dia 5 de dezembro, às duas e meia da manhã, eu tive uma tentação terrível, então eu fiz isso e aquilo..." O que você precisa fazer é abrir seu coração para que o pastor, líder ou conselheiro entenda o que está passando. "Olha só, eu tenho uma deficiência em minha vida moral, tenho uma deficiência em minha vida financeira, tenho uma deficiência em minha vida conjugal, estou vivendo um momento difícil em minha vida familiar, por favor, ajude-me, acompanhe-me, ore por mim." Outra coisa importante é confessar assim que você identifica o perigo. "Ore por mim. Lá na minha firma, estou sendo tentado, cobiçando alguém que não é meu cônjuge. Por favor, ajude-me, ore por mim e me acompanhe." Porque, se você não confessar sua tentação, terá de confessar seu pecado. É melhor confessar a tentação que o pecado, pois o pecado envergonha, destrói a gente.

Confessar os pecados uns aos outros, com a consequente oração de uns pelos outros, é uma das maneiras mais poderosas de receber libertação, restauração e cura — não apenas na dimensão pessoal, mas também para toda a comunidade. E o pecado não existe apenas quando ofendemos Deus ou os irmãos; ele se manifesta cada vez que "erramos o alvo", que é o significado da palavra "pecado" em sua origem. Estamos pecando ("errando o alvo") quando:

- Não estamos produzindo os frutos que deveríamos em nossa vida, o que é um alvo de Deus (João 15:8).
- Não estamos sendo testemunhas que produzem um impacto real no mundo, outro alvo de Deus (Mateus 5:16).
- Não estamos cultuando o Senhor da maneira que deveríamos (1Coríntios 14:26).
- Não estamos obtendo vitória em nossa vida financeira (Malaquias 3:10).
- Não estamos contribuindo para o aperfeiçoamento da comunidade local.
- Deixamo-nos dominar pela ansiedade (Filipenses 4:6), pela tristeza (Filipenses 4:4), pelas dúvidas (Romanos 1:17) etc.
- Não agimos com fé (Romanos 14:23).

Pensem nisso, e peçam ao Senhor que lhe permitam discernir quais as pessoas a quem vocês podem confiar suas confissões, tendo a certeza de que vai receber acompanhamento e orientação bíblica para se livrar de sua tentação ou de seu pecado e restaurar sua comunhão com Deus e com a Igreja.

Antes de prosseguir...

...pense em situações recentes nas quais você teve de enfrentar a realidade de um pecado pessoal e se sentiu muito mal por isso. Em que áreas de sua vida isso mais se repetiu?

...analise as pessoas que fazem parte de sua comunidade e liste aquelas em que mais confia. Quais dessas pessoas possuem a fé, o caráter e a sabedoria necessários para receber sua confissão e conduzir você no caminho da cura e da reconciliação com Deus e com a comunidade?

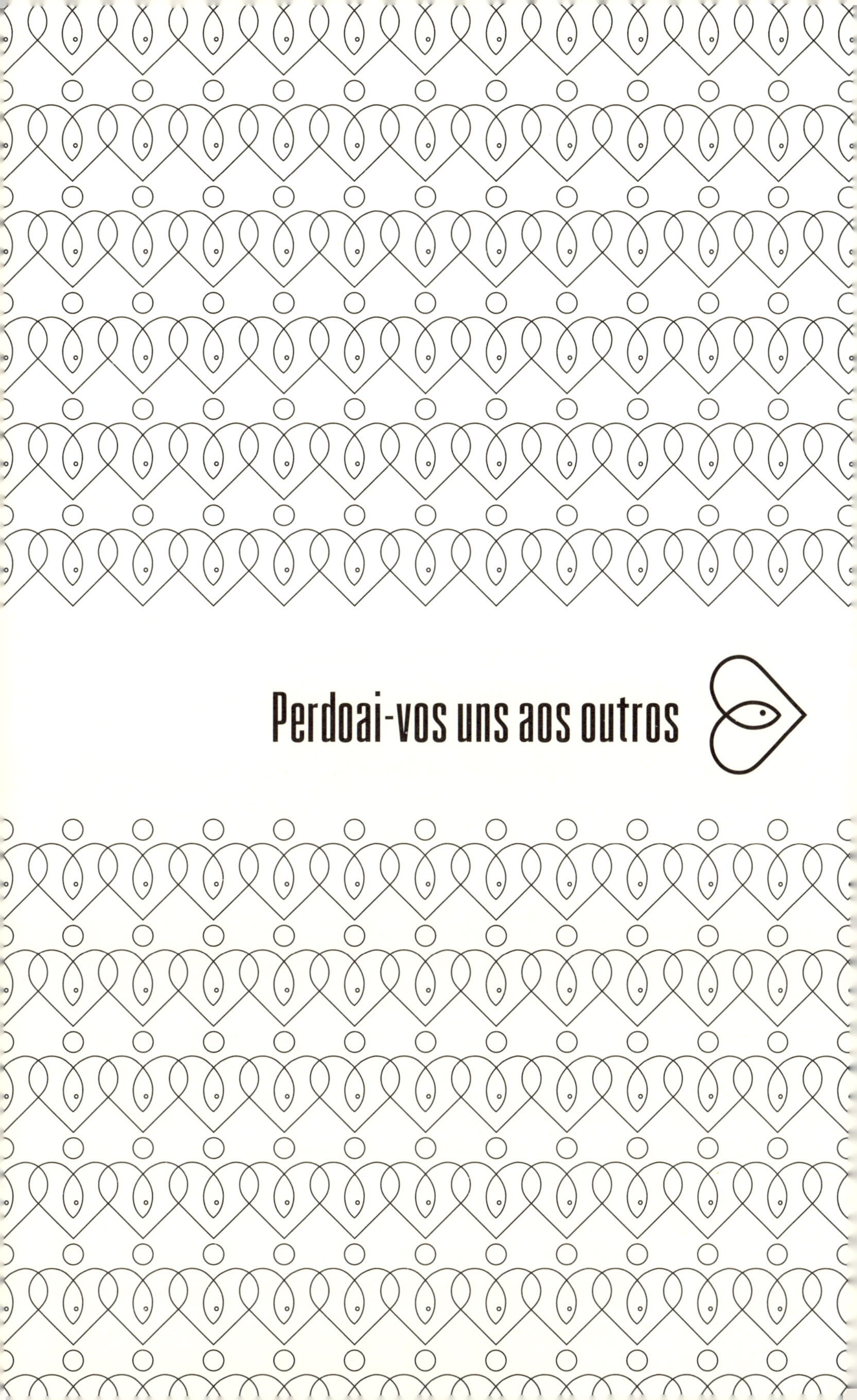

Perdoai-vos uns aos outros

Agora que entendemos a importância da confissão como um dos mandamentos recíprocos, podemos passar a outro que tem relação direta com ele, e cujas principais referências para nosso estudo estão em dois versículos:

- "Suportem-se uns aos outros e perdoem as queixas que tiverem uns contra os outros. Perdoem como o Senhor lhes perdoou" (Colossenses 3:13).
- "Sejam bondosos e compassivos uns para com os outros, perdoando-se mutuamente, assim como Deus perdoou vocês em Cristo" (Efésios 4:32).

O significado da palavra *perdão* é muito importante para que possamos entender as elevadas dimensões espirituais envolvidas nesse mandamento recíproco. O grego *aphiêmi*, traduzido como "perdão", significava, na Antiguidade, a soltura voluntária de uma pessoa ou coisa sobre a qual alguém tem controle legal ou real. Outros significados possíveis podem ser "soltar", "deixar ir", "deixar passar", "liberar sem castigo" etc.

O perdão é tão importante, que sua origem é divina. Ele é resultado da graça. Se o pecado nos afasta de Deus, o perdão nos reconcilia com ele. Para entendermos melhor, vamos voltar ao que a Bíblia diz em 1João 1:8-10:

> Se afirmarmos que estamos sem pecado, enganamos a nós mesmos, e a verdade não está em nós. Se confessarmos os nossos pecados, ele é fiel e justo para perdoar os nossos pecados e nos purificar de toda injustiça. Se afirmarmos que não temos cometido pecado, fazemos de Deus um mentiroso, e a sua palavra não está em nós.

Vamos prestar uma atenção especial ao que afirma o versículo 9: "Se confessarmos os nossos pecados, ele é fiel e justo para perdoar os nossos pecados e nos purificar de toda injustiça." Há alguns versículos que comprovam essa afirmação, entre os quais podemos destacar:

- "Então, dos céus, lugar da tua habitação, ouve a sua oração e a sua súplica, e defende a sua causa. Perdoa o teu povo, que pecou contra ti" (2Crônicas 6:39).
- "Olha para a minha tribulação e o meu sofrimento, e perdoa todos os meus pecados" (Salmos 25:18).
- "É ele que perdoa todos os seus pecados e cura todas as suas doenças" (Salmos 103:3).
- "E quando estiverem orando, se tiverem alguma coisa contra alguém, perdoem-no, para que também o Pai celestial lhes perdoe os seus pecados" (Marcos 11:25).
- "Pois ele nos resgatou do domínio das trevas e nos transportou para o Reino do seu Filho amado, em quem temos a redenção, a saber, o perdão dos pecados" (Colossenses 1:13,14).

Perdoar implica um compromisso: o de não considerar mais aquilo que um dia foi ofensivo. Quer que eu seja mais explícito? Perdoar significa esquecer. Em Hebreus 8:12, a Palavra de Deus diz assim: "Porque eu lhes perdoarei a maldade e não me lembrarei mais dos seus pecados." Somos capazes de nos lembrar de pecados que outros cometeram contra nós, mas Deus não tem o mesmo tipo de memória. E é essa atitude que ele espera de nós. É por isso que, na oração que ensinou em Mateus 6, o perdão humano, de um para com o outro, é espelhado no perdão que o próprio Senhor nos oferece. "Perdoa as nossas dívidas, assim como perdoamos aos nossos devedores", indica o versículo 12. Se gostamos tanto de receber o perdão do Senhor, devemos perdoar na mesma proporção.

E que proporção é essa? Qual a referência de Deus para o perdão que preciso ter de modo a cumprir esse mandamento recíproco? Para responder a essa pergunta, vamos ver o que a Palavra nos diz em Mateus 18:21,22: "Então Pedro aproximou-se de Jesus e perguntou: 'Senhor, quantas vezes deverei perdoar a meu irmão quando ele pecar contra mim? Até sete vezes?' Jesus respondeu: 'Eu lhe digo: Não até sete, mas até setenta vezes sete.'" Os irmãos mais literais (e alguns mais espertinhos) vão pensar em fazer a conta e começar a contabilizar até chegar ao 490º perdão, para depois disso se sentirem autorizados a não perdoar mais. Não é isso, porém, que Jesus quis dizer. O que ele quis ensinar a Pedro é que não há conta certa para perdoarmos uns aos outros, assim como Deus não institui uma marca a partir da qual ele deixa de nos perdoar. Não é uma questão matemática, mas de amor cristão e vida comunitária. Se queremos ser imitadores de Jesus, como Paulo sugere em 1Coríntios 11:1, façamos como ele, que apontou para o perdão até no momento da cruz, dizendo: "Pai, perdoa-lhes, pois não sabem o que estão fazendo" (Lucas 23:34).

Sabemos que fomos perdoados dos nossos pecados e que, por isso, devemos perdoar. A questão talvez resida em um ponto mais comum: Como perdoar? Como se dá esse processo? Tem gente que está presa a mágoas, a rancores, por isso sua vida está amarrada; ela não vai nem para a frente nem para trás. Deixar de perdoar faz mal ao espírito. Certa vez, ouvi sobre uma mulher que estava presa a uma ofensa cometida vinte anos antes. Não conseguia perdoar. Era um grilhão que carregava, sua vida não prosperava. Só conseguiu libertar-se depois de perdoar quem a havia ofendido. Ela dizia: "Ensinei tanta gente a lidar com isso, achava que estava tudo certo na minha vida, até que, em uma reunião espiritual, me dei conta de que, por causa de uma ofensa, fiquei amarrada por vinte anos." Hoje ela é uma mulher livre, abençoada, o semblante dela mudou, está feliz porque simplesmente aprendeu a perdoar.

Quando não perdoamos quem nos ofendeu, sofremos ao menos duas consequências. A primeira delas, descrita em Mateus 6:12-15, na oração ensinada por Jesus a seus discípulos, é o bloqueio de nossas orações diante de Deus e a retenção do perdão de nossos pecados.

> Perdoa as nossas dívidas, assim como perdoamos aos nossos devedores. E não nos deixes cair em tentação, mas livra-nos do mal, porque teu é o Reino, o poder e a glória para sempre. Amém. Pois se perdoarem as ofensas uns dos outros, o Pai celestial também lhes perdoará. Mas se não perdoarem uns aos outros, o Pai celestial não lhes perdoará as ofensas.

A segunda consequência também é terrível — quem não perdoa atrai para si a ação de espíritos atormentadores (ou torturadores). Alguns trechos da Palavra de Deus falam sobre isso, como Mateus 18:21-35:

> Então Pedro aproximou-se de Jesus e perguntou: "Senhor, quantas vezes deverei perdoar a meu irmão quando ele pecar contra mim? Até sete vezes?" Jesus respondeu: "Eu lhe digo: Não até sete, mas até setenta vezes sete. Por isso, o Reino dos céus é como um rei

> que desejava acertar contas com seus servos. Quando começou o acerto, foi trazido à sua presença um que lhe devia uma enorme quantidade de prata. Como não tinha condições de pagar, o senhor ordenou que ele, sua mulher, seus filhos e tudo o que ele possuía fossem vendidos para pagar a dívida. O servo prostrou-se diante dele e lhe implorou: 'Tem paciência comigo, e eu te pagarei tudo.' O senhor daquele servo teve compaixão dele, cancelou a dívida e o deixou ir. Mas quando aquele servo saiu, encontrou um de seus conservos, que lhe devia cem denários. Agarrou-o e começou a sufocá-lo, dizendo: 'Pague-me o que me deve!' Então o seu conservo caiu de joelhos e implorou-lhe: 'Tenha paciência comigo, e eu lhe pagarei.' Mas ele não quis. Antes, saiu e mandou lançá-lo na prisão, até que pagasse a dívida. Quando os outros servos, companheiros dele, viram o que havia acontecido, ficaram muito tristes e foram contar ao seu senhor tudo o que havia acontecido. Então o senhor chamou o servo e disse: 'Servo mau, cancelei toda a sua dívida porque você me implorou. Você não devia ter tido misericórdia do seu conservo como eu tive de você?' Irado, seu senhor entregou-o aos torturadores, até que pagasse tudo o que devia. Assim também lhes fará meu Pai celestial, se cada um de vocês não perdoar de coração a seu irmão."

Em 1Samuel 16:14,15, lemos sobre a experiência de Saul, que foi incomodado por espíritos atormentadores por conta de seus rancores contra Davi: "O Espírito do SENHOR se retirou de Saul, e um espírito maligno, vindo da parte do SENHOR, o atormentava. Os funcionários de Saul lhe disseram: 'Há um espírito maligno, mandado por Deus, te atormentando.'"

Como vimos, se a prática do perdão produz muitos benefícios, quem não cumpre esse mandamento recíproco sofre consequências negativas. Sejamos prudentes e ofereçamos perdão a nossos irmãos de fé para garantirmos nossa saúde espiritual, bem como a de nossa comunidade. Só não podemos esquecer que essa prática tem algumas implicações:

- Perdoar não é uma opção, mas um mandamento.
- Quem oferece perdão, deve fazê-lo com sinceridade de coração, como lemos em Mateus 18:35.
- Perdoar é muito mais um ato de vontade do que emoção, é uma decisão.
- Para colocar em prática o mandamento recíproco de perdoar uns aos outros, precisamos cada vez mais nos encher do Espírito Santo, porque, ao perdoarmos, temos a obrigação adicional de fazer todo o possível para restaurar no ofensor uma consciência limpa e uma vida de justiça, assim como o Senhor fez e continua fazendo conosco, como lemos em Gálatas 6:1: "Irmãos, se alguém for surpreendido em algum pecado, vocês, que são espirituais, deverão restaurá-lo com mansidão. Cuide-se, porém, cada um para que também não seja tentado."

Antes de prosseguir...

...faça uma lista honesta de situações em que você se sentiu ofendido por alguém e que até hoje geram mágoa em seu coração. O que impede você de oferecer perdão a essa pessoa?

...tente lembrar-se de outras pessoas que fizeram coisas contra sua vida, mas você foi capaz de perdoar. Qual a diferença entre esses casos e aqueles citados no item anterior, sobre os quais você ainda guarda rancor?

PARTE 2

Mandamentos para a proteção dos relacionamentos

Não julgueis uns aos outros

Estamos chegando ao segundo grupo de mandamentos recíprocos. O primeiro tratava da construção de relacionamentos. Nas páginas seguintes, vamos abordar aqueles que foram instituídos pelo nosso Senhor com o objetivo de proteger esses relacionamentos. Antes, porém, de dar sequência a nossas reflexões, acho que vale a pena lembrar que os mandamentos que estamos estudando não são simples opções nem sugestões que a Bíblia oferece para nos relacionarmos uns com os outros. Trata-se, sim, de mandamentos que as Escrituras apresentam para que tenhamos um relacionamento saudável com Deus e com nossos irmãos de fé. Quando nossa vida pessoal está mal e nossos relacionamentos são afetados, isso gera inimizades, brigas, pelejas e divisões, por isso não conseguimos abençoar as pessoas como deveríamos. Isso causa divisão na Igreja e nos impede de expressar a vida de Cristo. É por essa razão que insistimos: o cristianismo não é uma religião, mas uma relação pessoal que mantemos com Deus e com os outros. O cristianismo diz respeito a relacionamentos.

Com isso em mente, vamos seguir em frente para refletir sobre o mandamento recíproco presente em Mateus 7:1-5:

> Não julguem, para que vocês não sejam julgados. Pois da mesma forma que julgarem, vocês serão julgados; e a medida que usarem, também será usada para medir vocês. Por que você repara no cisco que está no olho do seu irmão, e não se dá conta da viga que está em seu próprio olho? Como você pode dizer ao seu irmão: "Deixe-me tirar o cisco do seu olho", quando há uma viga no seu? Hipócrita, tire primeiro a viga do seu olho, e então você verá claramente para tirar o cisco do olho do seu irmão.

Esse mandamento chega com pacote completo: a ordem, a razão para obedecermos e a consequência da desobediência. Deus nos proíbe de julgar as pessoas, incluindo os irmãos de fé, por causa de nossa natureza imperfeita, influenciada pela carne. Por esse motivo, nossos julgamentos são igualmente imperfeitos. Nossa tendência pecadora distorce nosso senso de justiça; assim, é grande o risco de sermos injustos, parciais, negativos, partidários. O problema de observarmos os defeitos dos outros é exatamente o fato de a nossa visão ser míope, deturpada. Ela não é livre de interferências, principalmente as pessoais, e, às vezes, é atrapalhada por nossos erros, por nossa limitação humana, por nossas preferências, por nossas simpatias e antipatias. Porque somos seres humanos. Nenhum de nós é plenamente perfeito nem é capaz de fazer tudo certinho o tempo todo.

Temos uma certa tendência a julgar porque queremos que as pessoas e o mundo todo sejam do nosso jeito, de acordo com aquilo que a gente considera mais certo. Isso também vale para a comunidade de fé. Embora tenhamos todos um conjunto de valores comuns, baseados na Palavra de Deus, temos diferenças em relação a costumes, práticas e opiniões. O apóstolo Paulo sabia disso, e ele deu um ótimo conselho que lemos em Romanos 14:1-4:

> Aceitem o que é fraco na fé, sem discutir assuntos controvertidos. Um crê que pode comer de tudo; já outro, cuja fé é fraca, come apenas alimentos vegetais. Aquele que come de tudo não deve desprezar o que não come, e aquele que não come de tudo não deve condenar aquele que come, pois Deus o aceitou. Quem é você para julgar o servo alheio? É para o seu Senhor que ele está de pé ou cai. E ficará de pé, pois o Senhor é capaz de o sustentar.

Aí está uma discussão que dura até hoje: o que devemos e o que não devemos comer. Paulo notou que, entre os romanos, havia um grupo de vegetarianos que achava melhor evitar a carne, e fazia isso porque queria agradar a Deus. E Deus aceitava-os assim. Mas tinha gente que achava isso uma bobagem e defendia que os crentes deveriam comer de tudo, também para agradar a Deus. E o que Paulo disse a ambos? Que deveriam parar com aquilo. Na prática, um estava julgando o outro. Isso vale para nós atualmente. Não discuta diferença de dias de culto, de tipo de celebração, do que se come, de como se veste; não perca tempo com isso. Se um irmão se sente à vontade comendo só legumes e verduras, e se faz isso porque quer servir melhor a Deus, não o julgue. Se uma irmã acha que agrada mais ao Senhor usando saias longas e véu, não a julgue. Tenha uma coisa importante em mente: a posição que nos foi dada por Deus em relação aos irmãos de fé não foi a de juízes, mas a de servos uns dos outros. Lembremos de Tiago 4:11,12:

> Irmãos, não falem mal uns dos outros. Quem fala contra o seu irmão ou julga o seu irmão, fala contra a Lei e a julga. Quando você julga a Lei, não a está cumprindo, mas está se colocando como juiz. Há apenas um Legislador e Juiz, aquele que pode salvar e destruir. Mas quem é você para julgar o seu próximo?

Por sua vez, o que a Palavra de Deus nos orienta a julgar não são as pessoas, mas "todas as coisas", ou seja, analisar o que nos cerca para entender se é bom ou ruim para nós. Veja a seguir alguns textos que reforçam essa orientação:

- "Quem não tem o Espírito não aceita as coisas que vêm do Espírito de Deus, pois lhe são loucura; e não é capaz de entendê-las, porque elas são discernidas espiritualmente. Mas quem é espiritual discerne todas as coisas, e ele mesmo por ninguém é discernido" (1Coríntios 2:14,15).
- "Tratando-se de profetas, falem dois ou três, e os outros julguem cuidadosamente o que foi dito" (1Coríntios 14:29).
- "Amados, não creiam em qualquer espírito, mas examinem os espíritos para ver se eles procedem de Deus, porque muitos falsos profetas têm saído pelo mundo. Vocês podem reconhecer o Espírito de Deus deste modo: todo espírito que confessa que Jesus Cristo veio em carne procede de Deus; mas todo espírito que não confessa Jesus não procede de Deus. Esse é o espírito do anticristo, acerca do qual vocês ouviram que está vindo, e agora já está no mundo. Filhinhos, vocês são de Deus e os venceram, porque aquele que está em vocês é maior do que aquele que está no mundo. Eles vêm do mundo. Por isso, o que falam procede do mundo, e o mundo os ouve. Nós viemos de Deus, e todo aquele que conhece a Deus nos ouve; mas quem não vem de Deus não nos ouve. Dessa forma reconhecemos o Espírito da verdade e o espírito do erro" (1João 4:1-6).
- "[...] mas ponham à prova todas as coisas e fiquem com o que é bom" (1Tessalonicenses 5:21).

Esta é a ordem de Deus: que analisemos todas as coisas e julguemos as circunstâncias, os projetos, os objetivos, o preço a se pagar, as concessões que precisamos fazer, o resultado na nossa vida e também na vida das outras pessoas. Se for bom e o Espírito confirmar em seu coração, ótimo, pode reter, siga em frente; se prejudicar sua vida, a vida de seu irmão ou desagradar a Deus, abandone. Aí está o julgamento que nos cabe. E, mesmo quando a liderança é obrigada a julgar o pecado da desobediência e da rebeldia de membros da comunidade local, nunca deve ser para destruir, mas, sim, para conduzir essas pessoas a um caminho de arrependimento, restauração e temor. Tome como exemplo a palavra de Paulo na Primeira Carta aos Coríntios:

> Por toda parte se ouve que há imoralidade entre vocês, imoralidade que não ocorre nem entre os pagãos, ao ponto de um de vocês possuir a mulher de seu pai. E vocês estão orgulhosos! Não deviam, porém, estar cheios de tristeza e expulsar da comunhão aquele que fez isso? Apesar de eu não estar presente fisicamente, estou com vocês em espírito. E já condenei aquele que fez isso, como se estivesse presente. Quando vocês estiverem reunidos em nome de nosso Senhor Jesus, estando eu com vocês em espírito, estando presente também o poder de nosso Senhor Jesus Cristo, entreguem esse homem a Satanás, para que o corpo seja destruído, e seu espírito seja salvo no dia do Senhor (1Coríntios 5:1-5).

A condenação é sempre o pecado, o erro, e nunca o pecador, como vemos em João 8:1-11, quando uma mulher adúltera é levada à presença de Jesus:

> Jesus, porém, foi para o monte das Oliveiras. Ao amanhecer ele apareceu novamente no templo, onde todo o povo se reuniu ao seu redor, e ele se assentou para ensiná-lo. Os mestres da lei e os fariseus trouxeram-lhe uma mulher surpreendida em adultério.

> Fizeram-na ficar em pé diante de todos e disseram a Jesus: "Mestre, esta mulher foi surpreendida em ato de adultério. Na Lei, Moisés nos ordena apedrejar tais mulheres. E o senhor, que diz?" Eles estavam usando essa pergunta como armadilha, a fim de terem uma base para acusá-lo. Mas Jesus inclinou-se e começou a escrever no chão com o dedo. Visto que continuavam a interrogá-lo, ele se levantou e lhes disse: "Se algum de vocês estiver sem pecado, seja o primeiro a atirar pedra nela." Inclinou-se novamente e continuou escrevendo no chão. Os que o ouviram foram saindo, um de cada vez, começando pelos mais velhos. Jesus ficou só, com a mulher em pé diante dele. Então Jesus pôs-se de pé e perguntou-lhe: "Mulher, onde estão eles? Ninguém a condenou?" "Ninguém, Senhor", disse ela. Declarou Jesus: "Eu também não a condeno. Agora vá e abandone sua vida de pecado."

Da mesma forma, o pecador arrependido deve ser restaurado à comunhão plena do Corpo de Cristo, isto é, a Igreja. Veja a orientação que Paulo oferece em 2Coríntios 2:5-8:

> Se um de vocês tem causado tristeza, não a tem causado apenas a mim, mas também, em parte, para eu não ser demasiadamente severo, a todos vocês. A punição que lhe foi imposta pela maioria é suficiente. Agora, ao contrário, vocês devem perdoar-lhe e consolá-lo, para que ele não seja dominado por excessiva tristeza. Portanto, eu lhes recomendo que reafirmem o amor que têm por ele.

Pensem nisso! O cristão maduro tem a capacidade e o dever de julgar as coisas que são boas para sua vida e as que não são — este alimento não me serve, esta roupa é adequada, esta companhia não é boa para mim etc. O que não podemos fazer é julgar as pessoas, sob o risco de sermos julgados pela mesma medida.

Antes de prosseguir...

...pense nas pessoas com quem você convive na igreja e tente lembrar-se daquelas cujas atitudes você reprovou recentemente. Qual deve ser a sua atitude diante dos erros que esses irmãos de fé cometeram?

____

____

____

____

____

____

...faça uma lista das coisas que foram oferecidas a você ultimamente, não apenas por irmãos da comunidade de fé, mas por amigos do trabalho, da escola, vizinhos, pela TV e até pela internet. Você foi capaz de julgar as coisas que eram boas e ficar apenas com elas?

____

____

____

____

____

____

Não vos queixeis uns dos outros

O próximo mandamento recíproco que vamos examinar é indicado em Tiago 5:9: "Irmãos, não se queixem uns dos outros, para que não sejam julgados. O Juiz já está às portas!" Consegue perceber algo em comum com o mandamento recíproco que estudamos no capítulo anterior? Sim, a questão do julgamento. Mas note que, agora, a Bíblia não está falando do julgamento dos demais irmãos de fé, mas do julgamento de Deus. Por isso, ao falarmos sobre o problema das queixas entre pessoas que participam da comunidade de fé, referimo-nos a uma prática que nos pode colocar em uma situação muito desagradável diante do Justo Juiz.

É muito importante entender que o fato de queixar-se do próximo é a mesma coisa que expressar descontentamento, impaciência ou desagrado em relação a essa pessoa. E tanto é uma coisa negativa, que raramente a fazemos em público. De maneira geral, quando nos queixamos de alguém, fazemos isso em tom de denúncia, diante de uma pessoa com algum grau de autoridade, como o pastor ou líder; ou em tom de fofoca, às escondidas, o que a Palavra de Deus condena. Uma queixa pode até existir por uma razão justa, mas é preciso saber como lidar com a situação, e mais ainda quando a queixa é injusta. Permita-me contar uma história que, vez por outra, uso em mensagens.

Certo casal mudou-se para um bairro muito tranquilo, e, na primeira manhã que eles passaram na casa, enquanto tomavam café, a mulher olhou pela janela e reparou em uma vizinha que pendurava lençóis no varal. Então, comentou com o marido:

— Olhe só, que lençóis sujos ela está pendurando naquele varal! Estão precisando de um sabão novo.

O marido observou e permaneceu calado. Alguns dias depois, novamente no café da manhã, a vizinha pendurava lençóis no varal, e a mulher comentou com o marido:

— Você está vendo? Nossa vizinha continua pendurando lençóis sujos no varal. Se eu tivesse intimidade com ela, poderia perguntar se ela quer que eu a ensine a lavar roupas.

E assim foi durante alguns dias, até que, certa manhã, enquanto a vizinha pendurava as roupas no varal, a mulher do casal se surpreendeu ao ver os lençóis muito brancos. Empolgada, ela disse ao marido:

— Veja só, ela aprendeu a lavar as roupas. Será que foi outra vizinha que a ensinou? Porque eu não fiz nada.

Então o marido respondeu calmamente:

— Não, querida. Eu é que hoje levantei mais cedo e lavei os vidros da nossa janela.

Assim é a vida — tudo depende da janela através da qual nós observamos os fatos, o ângulo pelo qual analisamos uma situação.

Antes de criticar e transformar nossa revolta em queixa, precisamos verificar se fizemos alguma coisa para contribuir com a situação. Devemos pensar em nossos defeitos e em nossas limitações, tirar a venda do nosso olho antes de tirar o cisco que está no olho do nosso irmão. Talvez o problema seja a nossa janela.

Queixar-se uns dos outros é pecado porque semeia contendas, e isso é reprovável diante de Deus. Há uma passagem em Provérbios 6:16-19 que mostra os malefícios causados por esse tipo de atitude:

> Há seis coisas que o Senhor odeia, sete coisas que ele detesta: olhos altivos, língua mentirosa, mãos que derramam sangue inocente, coração que traça planos perversos, pés que se apressam para fazer o mal, a testemunha falsa que espalha mentiras e aquele que provoca discórdia entre irmãos.

Repare que praticamente todas essas sete coisas costumam estar presentes nas situações de murmúrio ou queixa: arrogância de se achar com razão, invenção de histórias para piorar a situação, injustiça, malícia, falsidade e espírito de discórdia. Nada disso pode ser aceito na vida de um servo de Deus.

Quando pensamos que temos um motivo de queixa contra o nosso irmão de fé, só existem três atitudes bíblicas possíveis. A primeira delas é suportar a questão em silêncio. A queixa — que, em algumas versões da Bíblia, aparece como "murmúrio" — pode ser como rastilho de pólvora que vai queimando até chegar ao paiol e causar uma enorme explosão. Veja o que diz 1Coríntios 10:10-12:

> E não se queixem, como alguns deles se queixaram — e foram mortos pelo anjo destruidor. Essas coisas aconteceram a eles como

> exemplos e foram escritas como advertência para nós, sobre quem tem chegado o fim dos tempos. Assim, aquele que julga estar firme, cuide-se para que não caia!

A murmuração produz destruição. Quando nos queixamos das pessoas, é como se estivéssemos executando a sentença sobre elas. E já vimos que não somos juízes de nossos irmãos. Em muitos casos, o silêncio é a atitude mais sábia, pois você evita um clima de confrontamento que pode levar seu irmão e você também à tristeza ou comprometer a comunhão com a Igreja e, pior ainda, com Deus. Ore antes de pensar em se queixar.

A segunda atitude cristã que devemos tomar é perdoar nosso irmão. "Suportem-se uns aos outros e perdoem as queixas que tiverem uns contra os outros. Perdoem como o Senhor lhes perdoou" (Colossenses 3:13). Nós não aprendemos anteriormente, neste livro, que devemos perdoar uns aos outros? Da mesma forma, não vimos no capítulo anterior que nossa função não é como juízes uns dos outros, mas como servos de nossos irmãos? Assim, o que nos cabe é buscar perdão, e perdão sincero, como o Senhor nos perdoou.

A terceira atitude realmente bíblica quando uma queixa contra o irmão brota em nosso coração é falar com ele para exortá-lo, para admoestá-lo, para ajudá-lo. É assim que deve ser feito. Veja o que diz 1Tessalonicenses 5:14,15:

> Exortamos vocês, irmãos, a que advirtam os ociosos, confortem os desanimados, auxiliem os fracos, sejam pacientes para com todos. Tenham cuidado para que ninguém retribua o mal com o mal, mas sejam sempre bondosos uns para com os outros e para com todos.

Quando temos de fato uma razão justa para reprovar a atitude de um irmão, em vez de nos queixarmos às escondidas ou em tom de fofoca, o que a Palavra de Deus nos orienta a fazer é admoestar o irmão. Se, ainda assim, ele permanece obstinado e insubmisso, chame os irmãos da igreja para ajudá-lo em sua rebeldia. A orientação de guardar em silêncio sua queixa não significa omitir-se, pois a comunhão do Corpo de Cristo pode ficar comprometida por causa de seu silêncio. Não faça isso, pois estará pecando também. A Escritura diz que você deve ajudar esse irmão, admoestá-lo para que ele possa corrigir seu estilo de vida. E é isso que Deus espera de nós, como vemos em Romanos 15:14: "Meus irmãos, eu mesmo estou convencido de que vocês estão cheios de bondade e plenamente instruídos, sendo capazes de aconselhar-se uns aos outros."

Antes de prosseguir...

...faça uma lista de queixas que você tem contra pessoas de sua comunidade de fé. Analisando os motivos dessas queixas, você pode dizer com segurança que são justas? Ou é possível que o problema esteja em sua vida?

____

____

____

____

____

____

____

...reflita sobre as atitudes que a Bíblia propõe para os casos em que temos de chamar a atenção de um irmão de fé. Pensando na última vez que alimentou uma queixa contra um irmão, como você deveria ter agido, considerando a orientação da Palavra de Deus?

____

____

____

____

____

____

____

Não faleis mal uns dos outros

Ao falarmos dos mandamentos recíprocos ligados à proteção dos relacionamentos entre os irmãos, chegamos a um dos mais importantes para a saúde espiritual da Igreja. Ele está descrito em Tiago 4:11: "Irmãos, não falem mal uns dos outros. Quem fala contra o seu irmão ou julga o seu irmão, fala contra a Lei e a julga. Quando você julga a Lei, não a está cumprindo, mas está se colocando como juiz."

É importante, aqui, que não façamos confusão com o mandamento recíproco que vimos no capítulo anterior. Uma coisa é apresentar uma queixa contra alguém, prática que também é identificada na Bíblia como murmuração. Você pode até falar mal de alguém durante uma queixa, e é bem provável que fale mesmo, mas isso não quer dizer que, ao falar mal de uma pessoa, estejamos necessariamente fazendo queixa. Isso pode acontecer, por exemplo, em um ambiente de fofoca ou de intriga, não importa: é um veneno que corrói a saúde da Igreja.

Quando começamos a falar mal de alguém, iniciamos um processo poderoso — no pior sentido possível — de deterioração íntima em relação a essa pessoa. Significa que fizemos um julgamento prévio do próximo e que isso resultou em condenação, sem direito à defesa, e que resolvemos externar esse juízo. Falar mal é comunicar abertamente aos outros os aspectos negativos do caráter, das atitudes, das ações, das palavras e da vida do próximo com a intenção deliberada de ferir, diminuir, rebaixar, macular essa pessoa. Quem fala mal quer destruir a imagem, a reputação, o conceito, o valor, a honra e a dignidade do irmão de fé, de maneira que todos passem a ter a mesma opinião negativa dele.

A Bíblia tem várias referências a essa prática, geralmente associadas ao órgão do corpo humano que articula a fala, ou seja, a língua. Há vários alertas e conselhos a respeito dela e dos perigos que o mau uso da língua pode representar. Em Salmos 52:2 lemos: "Sua língua trama destruição; é como navalha afiada, cheia de engano." O texto de Jeremias 9:8 diz que "A língua deles [o povo] é uma flecha mortal; eles falam traiçoeiramente. Cada um mostra-se cordial com o seu próximo, mas no íntimo lhe prepara uma armadilha." O texto de Tiago 3:1-12 é uma verdadeira aula sobre como as coisas que falamos podem provocar efeitos terríveis quando usamos nossa língua de maneira irresponsável:

> Meus irmãos, não sejam muitos de vocês mestres, pois vocês sabem que nós, os que ensinamos, seremos julgados com maior rigor. Todos tropeçamos de muitas maneiras. Se alguém não tropeça no falar, tal homem é perfeito, sendo também capaz de dominar todo o seu corpo. Quando colocamos freios na boca dos cavalos para que eles nos obedeçam, podemos controlar o animal todo. Tomem também como exemplo os navios; embora sejam tão grandes e impelidos por fortes ventos, são dirigidos por um leme muito pequeno, conforme a vontade do piloto. Semelhantemente, a língua é um pequeno órgão do corpo, mas se vangloria de grandes coisas. Vejam como um grande bosque é incendiado por uma simples fagulha. Assim também, a língua

> é um fogo; é um mundo de iniquidade. Colocada entre os membros do nosso corpo, contamina a pessoa por inteiro, incendeia todo o curso de sua vida, sendo ela mesma incendiada pelo inferno. Toda espécie de animais, aves, répteis e criaturas do mar doma-se e tem sido domada pela espécie humana; a língua, porém, ninguém consegue domar. É um mal incontrolável, cheio de veneno mortífero. Com a língua bendizemos o Senhor e Pai, e com ela amaldiçoamos os homens, feitos à semelhança de Deus. Da mesma boca procedem bênção e maldição. Meus irmãos, não pode ser assim! Acaso podem sair água doce e água amarga da mesma fonte? Meus irmãos, pode uma figueira produzir azeitonas ou uma videira, figos? Da mesma forma, uma fonte de água salgada não pode produzir água doce.

Fomos gerados pela Palavra criadora. Da mesma maneira, usemos a nossa boca para semear aquilo que agrada ao Senhor, e não para difamar, desacreditar ou desonrar nossos irmãos de fé.

Antes de prosseguir...

...relate a situação mais constrangedora que consegue lembrar provocada por uma palavra sua contra um irmão de fé. Que resultados isso provocou na vida dessa pessoa? E o que você fez para consertar o erro?

...lembre que o contrário de falar mal de alguém é falar bem dessa pessoa. Consegue pensar em um irmão do qual gostaria de falar bem e fazer uma lista das virtudes que ele possui?

Não vos destruís uns aos outros

Esse mandamento recíproco para a proteção dos relacionamentos baseia-se em uma passagem bíblica que, em algumas versões da Palavra de Deus, emprega uma expressão bem agressiva ao se referir à ordem divina. Está presente em Gálatas 5:15: "Mas se vocês se mordem e se devoram uns aos outros, cuidado para não se destruírem mutuamente." Morder e devorar! Soa bem dramático, não acha? Pode até parecer um versículo para ser lido entre uma tribo de canibais!

É evidente, no entanto, que o apóstolo Paulo estava usando essas palavras para se referir à maneira violenta como os irmãos da igreja na Galácia, que ficava na região hoje conhecida como Ásia Menor, tratavam uns aos outros. Havia entre eles uma disputa tão grande, e tanta disposição de destruir um ao outro, que Paulo os comparou a animais selvagens ou bestas-feras que não agiam com bom senso, mas movidos por instintos selvagens. Era como se um quisesse arrancar a carne do outro a dentadas, mastigar e engolir. Não há comunidade de fé que resista!

Este é o grande objetivo de Satanás quando ataca nossos relacionamentos no Corpo de Cristo e na família: que nos destruamos mutuamente. Quando isso acontece, começamos a morder e devorar uns aos outros, agredindo-nos como bichos, como irracionais. Em quantas partes do Corpo de Cristo e em quantos lares isso está acontecendo hoje? Em muitos lugares, mas também entre os filhos de Deus, pode ter certeza. Tal atitude torna impossível a comunicação do Espírito da vida de Cristo para todo o Corpo e para a família.

O resultado da desobediência a esse mandamento recíproco é fraqueza espiritual, que se estende a muitos outros irmãos de fé, além de morte, juízos, quebra de relacionamentos e de alianças. No coração das pessoas que experimentam essa sensação tão nociva brota um desejo íntimo de destruição que as leva a quebrar alianças com o próximo e, consequentemente, com Deus. Para pessoas assim, o próximo deve ser arrasado, humilhado, vilipendiado — até a morte física, dependendo do grau de miséria espiritual da pessoa que insiste nessa prática.

Veja o conselho de alguns textos bíblicos àqueles que possuem essa inclinação para destruir seus irmãos de fé:

> O amor é paciente, o amor é bondoso. Não inveja, não se vangloria, não se orgulha. Não maltrata, não procura seus interesses, não se ira facilmente, não guarda rancor. O amor não se alegra com a injustiça, mas se alegra com a verdade. Tudo sofre, tudo crê, tudo espera, tudo suporta (1Coríntios 13:4-7).

> Desta forma sabemos quem são os filhos de Deus e quem são os filhos do Diabo: quem não pratica a justiça não procede de Deus, tampouco quem não ama seu irmão. Esta é a mensagem que vocês ouviram desde o princípio: que nos amemos uns aos outros. Não sejamos como Caim, que pertencia ao Maligno e matou seu irmão. E por que o matou? Porque suas obras eram más e as de seu irmão eram justas. Meus irmãos, não se admirem se o mundo os odeia.

> Sabemos que já passamos da morte para a vida porque amamos nossos irmãos. Quem não ama permanece na morte. Quem odeia seu irmão é assassino, e vocês sabem que nenhum assassino tem vida eterna em si mesmo (1João 3:10-15).

Para cumprir esse mandamento recíproco, que adverte contra uma prática que arrasa com a comunhão entre os membros do Corpo de Cristo, precisamos continuamente permitir que o Espírito Santo e a Palavra de Deus encham-nos por completo. Lembremos o que está escrito em Lucas 6:45: "O homem bom tira coisas boas do bom tesouro que está em seu coração, e o homem mau tira coisas más do mal que está em seu coração, porque a sua boca fala do que está cheio o coração."

Antes de prosseguir...

...pense em relacionamentos que foram comprometidos por causa de um comportamento destrutivo por uma das partes. O que isso diz a você sobre a importância de cuidar de nossa atitude em relação aos irmãos de fé?

____

____

____

____

____

____

...considere as muitas formas pelas quais uma pessoa pode "morder e devorar" outra, como atitudes, palavras ou gestos. Com isso em mente, explique qual dessas formas representa maior risco em sua vida. Por quê?

____

____

____

____

____

____

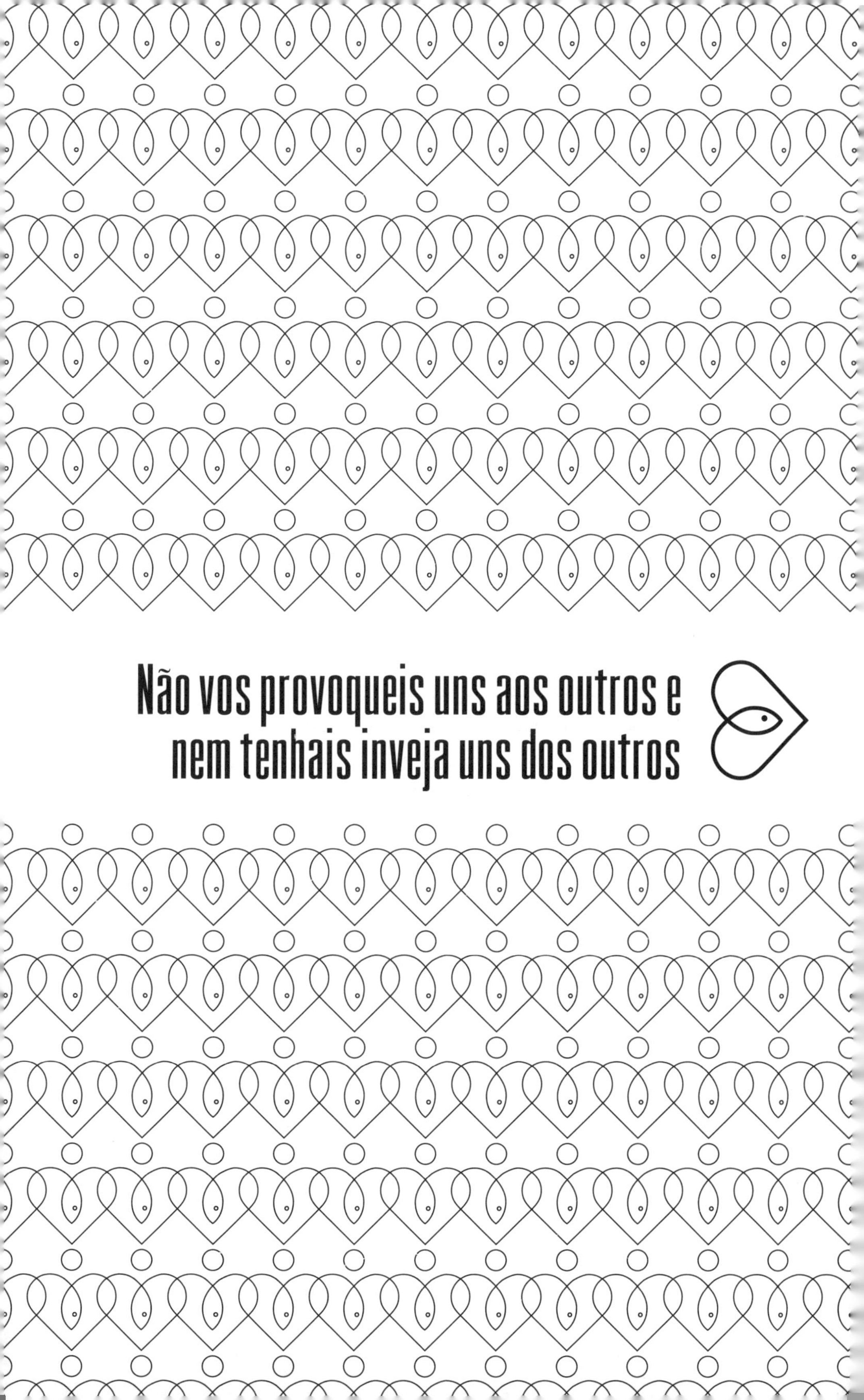
Não vos provoqueis uns aos outros e
nem tenhais inveja uns dos outros

Calma, o título duplo deste capítulo não é um erro de edição. Acontece que há um versículo bíblico contendo esses dois mandamentos recíprocos, ambos vinculados à proteção dos relacionamentos, e é por essa razão que eles estão reunidos neste capítulo. Assim, proponho a você que vejamos essas duas orientações bíblicas simultaneamente em Gálatas 5:26: "Não sejamos presunçosos, provocando uns aos outros e tendo inveja uns dos outros".

O versículo que acabamos de ler, e que contém os dois mandamentos recíprocos estudados neste capítulo, chama a atenção para a questão da presunção, que em outras versões bíblicas vamos encontrar como "vanglória". Significa "orgulho", "soberba", "arrogância", ou seja, uma certa arrogância que ultrapassa muito a conta da simples autoconfiança. A própria glória, e não a de Deus, é o alvo. Muita gente se deixa dominar por essa ilusão da exaltação pessoal, que é a fonte de disputas e contendas — ou, em outras palavras, provocações. Como consequência dessa atitude danosa, muitos relacionamentos são prejudicados. As alianças que unem o Corpo de Cristo vão sendo desfeitas.

Isso é mais comum na comunidade de fé do que se pode imaginar. São muitas as pessoas que oram constantemente, jejuam com regularidade, dizem o tempo todo que estão dispostas a servir à igreja e aos irmãos, buscam ardorosamente os dons espirituais, pregam o evangelho em alto e bom som, mas fazem todas essas coisas de modo a apenas parecerem mais espirituais que o restante dos irmãos. Querem que todos as reconheçam como pessoas mais próximas de Deus, mais santas, mais operosas na causa do Senhor, mais consagradas, mais usadas pelo Espírito Santo. Na mente dos irmãos e das irmãs que agem dessa forma, eles estão em permanente disputa com todos os demais membros da igreja. São os "presunçosos" a que Gálatas 5:26 se refere.

Quando temos o desejo de buscar glória pessoal, estamos idolatrando, adorando e servindo a nós mesmos, o que constitui um erro grave. Veja algumas passagens bíblicas que confirmam o engano no coração dos que buscam a própria exaltação, às quais oferecem um bom conselho aos que agem assim:

- "Não temos a pretensão de nos igualar ou de nos comparar com alguns que se recomendam a si mesmos. Quando eles se medem e se comparam consigo mesmos, agem sem entendimento" (2Coríntios 10:12).
- "[...] pois não é aprovado quem a si mesmo se recomenda, mas aquele a quem o Senhor recomenda" (2Coríntios 10:18).
- "Trocaram a verdade de Deus pela mentira, e adoraram e serviram a coisas e seres criados, em lugar do Criador, que é bendito para sempre. Amém. Por causa disso Deus os entregou a paixões vergonhosas [...]" (Romanos 1:25-26).

Esse tipo de atitude presunçosa é uma perda de tempo. Basta decompor a palavra para entender que não leva a lugar algum, ou seja, é uma glória vã — vanglória! Além disso, gera outros desvios de caráter que comprometem a própria comunhão da pessoa com Deus. São tantos os prejuízos para a alma, que podem levar até à morte, como vemos em Romanos 1:29-32:

> Tornaram-se cheios de toda sorte de injustiça, maldade, ganância e depravação. Estão cheios de inveja, homicídio, rivalidades, engano e malícia. São bisbilhoteiros, caluniadores, inimigos de Deus, insolentes, arrogantes e presunçosos; inventam maneiras de praticar o mal; desobedecem a seus pais; são insensatos, desleais, sem amor pela família, implacáveis. Embora conheçam o justo decreto de Deus, de que as pessoas que praticam tais coisas merecem a morte, não somente continuam a praticá-las, mas também aprovam aqueles que as praticam.

Se uma pessoa se exalta, o fraco na fé que a vê cai em outro pecado, que é o da inveja. Pense bem: para cada artista ou ídolo do esporte que vive na base da ostentação, trocando um carro importado caríssimo por outro ou enchendo os dedos, os pulsos e o pescoço de joias e ouro, há centenas ou milhares de pessoas mergulhadas na inveja. Elas estão o tempo todo sendo provocadas, pois tomam por referência um estilo de vida que jamais vão alcançar. E a inveja tem um efeito tão destruidor quanto a vanglória — a diferença é a maneira como cada uma das duas coisas funciona. Enquanto o presunçoso se corrompe na confiança de que merece exaltação, o invejoso é devastado pela incapacidade de obter o que o outro conquistou.

Tenha em mente que a vanglória, ou presunção, é exatamente o oposto, o avesso do amor, enquanto a inveja pertence à velha natureza sem Cristo. Aliás, a Bíblia menciona, em várias passagens, que esse tipo de atitude impede que se herde o Reino de Deus:

- "O amor é paciente, o amor é bondoso. Não inveja, não se vangloria, não se orgulha" (1Coríntios 13:4).
- "Houve tempo em que nós também éramos insensatos e desobedientes, vivíamos enganados e escravizados por toda espécie de paixões e prazeres. Vivíamos na maldade e na inveja, sendo detestáveis e odiando uns aos outros" (Tito 3:3).

- "[...] e inveja; embriaguez, orgias e coisas semelhantes. Eu os advirto, como antes já os adverti: Aqueles que praticam essas coisas não herdarão o Reino de Deus" (Gálatas 5:21).

Assim, à luz das Escrituras Sagradas, devemos agir pela fé, deixando que o Espírito Santo, o sangue do Senhor Jesus e a operação da cruz atuem em nós para que sejamos capazes de nos despojar de todo tipo de atitude de vanglória ou de uma postura que possa provocar o irmão de fé. A inveja, por sua vez, também deve ser aniquilada do coração. Para isso, é preciso buscar as mesmas coisas em relação a Deus. O Senhor oferece os recursos, mas a iniciativa deve partir de nós, como vemos em 1Pedro 2:1 com uma clareza cristalina: "Portanto, livrem-se de toda maldade e de todo engano, hipocrisia, inveja e toda espécie de maledicência."

Não há outro a ser glorificado além de nosso Senhor. Se precisamos apontar para o alto, não deve ser para um pedestal em nossa homenagem, mas ao cume do Monte Calvário, onde a cruz é o maior sinal de glória. Ela indica que Cristo, nosso Salvador, entregou a vida em nosso lugar, mas não está mais preso a ela porque venceu a morte e o sepulcro. O texto de 2Coríntios 10:17 diz: "Contudo, 'quem se gloriar, glorie-se no Senhor' [...]" Paulo tinha um senso fortíssimo de sua condição e não cogitava dedicar a glória a ninguém além de seu Salvador: "Quanto a mim, que eu jamais me glorie, a não ser na cruz de nosso Senhor Jesus Cristo, por meio da qual o mundo foi crucificado para mim, e eu para o mundo" (Gálatas 6:14). Em Jeremias 9:24, é Deus falando: "'[...] mas quem se gloriar, glorie-se nisto: em compreender-me e conhecer-me, pois eu sou o SENHOR e ajo com lealdade, com justiça e com retidão sobre a terra, pois é dessas coisas que me agrado', declara o SENHOR."

Se, porventura, tivermos de nos vangloriar por alguma coisa, que seja por nossas fraquezas, pois é por intermédio delas que nos aproximamos mais do Senhor e, assim, entendemos o que é viver em dependência total:

> Nesse homem me gloriarei, mas não em mim mesmo, a não ser em minhas fraquezas. Mesmo que eu preferisse gloriar-me não seria insensato, porque estaria falando a verdade. Evito fazer isso para que ninguém pense a meu respeito mais do que em mim vê ou de mim ouve. Para impedir que eu me exaltasse por causa da grandeza dessas revelações, foi-me dado um espinho na carne, um mensageiro de Satanás, para me atormentar. Três vezes roguei ao Senhor que o tirasse de mim. Mas ele me disse: "Minha graça é suficiente para você, pois o meu poder se aperfeiçoa na fraqueza." Portanto, eu me gloriarei ainda mais alegremente em minhas fraquezas, para que o poder de Cristo repouse em mim. Por isso, por amor de Cristo, regozijo-me nas fraquezas, nos insultos, nas necessidades, nas perseguições, nas angústias. Pois, quando sou fraco é que sou forte (2Coríntios 12:5-10).

Antes de prosseguir...

...lembre-se de como a presunção — ou vanglória — tem efeito tóxico sobre o Corpo de Cristo. O que você faz para evitar que esse sentimento corrosivo invada seu coração?

____

____

____

____

____

____

____

...tente lembrar-se de quantas vezes você teve de lutar para não invejar seu irmão de fé. Quais são as áreas de sua vida que você considera mais vulneráveis a esse sentimento? E como fazer para resistir?

____

____

____

____

____

____

____

Não mintais uns aos outros

Chegou a hora da verdade: não se deve mentir. É com esse jogo de palavras, evidentemente proposital, que vamos iniciar o último capítulo dos mandamentos recíprocos voltados para a proteção dos relacionamentos. Aqui está um dos mandamentos que devemos lembrar com mais frequência justamente por ser um dos problemas que enfrentamos com mais frequência também. Sabe por quê? Porque a mentira é um pecado muito fácil de se cometer. Não precisa muita coisa — basta usar a língua. E o caminho do coração para a língua é bem curto, como aprendemos ao ler Mateus 12:34: "[...] Pois a boca fala do que está cheio o coração." Basta querer mentir que a língua está lá, prontinha para ser usada.

Acontece que, desde o primeiro dia em que colocamos nossos pés em uma igreja, somos ensinados que nosso Senhor é a Verdade e a Vida (João 14:6). Jesus nos ensinou em João 8:32: "E conhecerão a verdade, e a verdade os libertará." Nosso compromisso de fé e prática é com a verdade. Quem tem compromisso com a mentira é Satanás, como lemos em João 8:44: "Vocês pertencem ao pai de vocês, o Diabo, e querem realizar o desejo dele. Ele foi homicida desde o princípio e não se apegou à verdade, pois não há verdade nele. Quando mente, fala a sua própria língua, pois é mentiroso e pai da mentira."

O versículo que orienta nosso estudo sobre esse mandamento recíproco está em Colossenses 3:9,10: "Não mintam uns aos outros, visto que vocês já se despiram do velho homem com suas práticas e se revestiram do novo, o qual está sendo renovado em conhecimento, à imagem do seu Criador." Repare que o autor da Carta aos Colossenses, o apóstolo Paulo, indica claramente que a prática da mentira é própria da velha criatura, antes de conhecer a Verdade, quando ainda vivia no pecado e não havia passado pela experiência de renovação.

Não há meio-termo quando se trata de distinguir a verdade da mentira. Uma "meia verdade", como algumas pessoas costumam dizer para se referir a algo que não foi totalmente esclarecido, também significa que existem coisas ocultas, sem transparência, que deixam uma falsa impressão ou provocam uma distorção da verdade — o que, em última análise, é uma boa definição para a palavra *mentira*. No grego, a palavra usada é *pseudo*, que significa "falso". É daí que surgem outras palavras, como *falso profeta*, a que a Bíblia se refere em Apocalipse 19:20. Jesus disse que Satanás é um assassino e homicida porque ele fala a mentira (*pseudo*), e, ao mentir, faz referência à própria natureza decaída. Afinal, ele é um mentiroso (*pseustes*) e o próprio pai da mentira.

Pensemos juntos nas mais diferentes formas de mentira que podemos encontrar denunciadas na Palavra de Deus.

Dizer meias verdades

É o caso do episódio envolvendo Ananias e Safira, descrito em Atos 5:1-10:

> Um homem chamado Ananias, com Safira, sua mulher, também vendeu uma propriedade. Ele reteve parte do dinheiro para si, sabendo disso também sua mulher; e o restante levou e colocou aos pés dos apóstolos. Então perguntou Pedro: "Ananias, como você permitiu que Satanás enchesse o seu coração, a ponto de você mentir ao Espírito Santo e guardar para si uma parte do dinheiro que recebeu pela propriedade? Ela não lhe pertencia? E, depois de vendida, o dinheiro não estava em seu poder? O que o levou a pensar em fazer tal coisa? Você não mentiu aos homens, mas sim a Deus." Ouvindo isso, Ananias caiu morto. Grande temor apoderou-se de todos os que ouviram o que tinha acontecido. Então os moços vieram, envolveram seu corpo, levaram-no para fora e o sepultaram. Cerca de três horas mais tarde, entrou sua mulher, sem saber o que havia acontecido. Pedro lhe perguntou: "Diga-me, foi esse o preço que vocês conseguiram pela propriedade?" Respondeu ela: "Sim, foi esse mesmo." Pedro lhe disse: "Por que vocês entraram em acordo para tentar o Espírito do Senhor? Veja! Estão à porta os pés dos que sepultaram seu marido, e eles a levarão também." Naquele mesmo instante, ela caiu morta aos pés dele. Então os moços entraram e, encontrando-a morta, levaram-na e a sepultaram ao lado de seu marido. E grande temor apoderou-se de toda a igreja e de todos os que ouviram falar desses acontecimentos.

Enfeitar ou exagerar a verdade

Provérbios 30:5,6 afirma: "Cada palavra de Deus é comprovadamente pura; ele é um escudo para quem nele se refugia. Nada acrescente às palavras dele, do contrário, ele o repreenderá e mostrará que você é mentiroso."

Fazer promessas e não cumprir, seja a Deus ou aos homens

Há várias passagens que falam sobre isso, como Mateus 5:37 ("Seja o seu 'sim', 'sim', e o seu 'não', 'não'; o que passar disso vem do Maligno"); Tiago 5:12 ("Sobretudo, meus irmãos, não jurem, nem pelo céu, nem pela terra, nem por qualquer outra coisa. Seja o sim de vocês, sim, e o não, não, para que não caiam em condenação"); e Eclesiastes 5:4-6:

> Quando você fizer um voto, cumpra-o sem demora, pois os tolos desagradam a Deus; cumpra o seu voto. É melhor não fazer voto do que fazer e não cumprir. Não permita que a sua boca o faça pecar. E não diga ao mensageiro de Deus: "O meu voto foi um engano." Por que irritar a Deus com o que você diz e deixá-lo destruir o que você realizou?

Roubar o crédito de alguma coisa que não fizemos

Veja o que nos diz a Palavra do Senhor a esse respeito em Provérbios 25:14: "Como nuvens e ventos sem chuva é aquele que se gaba de presentes que não deu."

Fraudar ou enganar outras pessoas nos negócios

É um erro achar que podemos passar as pessoas para trás e ficarmos impunes, pois é uma forma de mentir, como vemos em Provérbios 11:1: "O Senhor repudia balanças desonestas, mas os pesos exatos lhe dão prazer."

Fazer calúnias

Mateus 5:11 mostra que podemos ser vítimas de pessoas que criam falsas informações e notícias sobre as atitudes e o caráter dos outros: "Bem-aventurados serão vocês quando, por minha causa, os insultarem, os perseguirem e levantarem todo tipo de calúnia contra vocês." Em Provérbios 6:16-19, a recomendação é ainda mais dura:

> Há seis coisas que o SENHOR odeia, sete coisas que ele detesta: olhos altivos, língua mentirosa, mãos que derramam sangue inocente, coração que traça planos perversos, pés que se apressam para fazer o mal, a testemunha falsa que espalha mentiras e aquele que provoca discórdia entre irmãos.

A mentira é considerada por Deus uma abominação, pois o ofende diretamente. O Senhor é sempre absolutamente verdadeiro e não pode tolerar a mentira (Isaías 45:19; Salmos 31:5; Números 23:19; João 14:6, 16:13, 17:17 e 17:19; 1João 5:6). No Novo Testamento, por mais de setenta vezes, Jesus começa a fazer afirmações desta maneira: "Em verdade, em verdade vos digo [...]" Em outras versões, pode-se ler "Verdadeiramente lhes digo [...]" ou "Digo-lhes a verdade". É assim que nosso Senhor transmitia os pensamentos e juízos divinos sobre as mais diversas situações e circunstâncias.

Em Efésios 4:25, temos um versículo que mostra a importância de zelarmos pela verdade em nossos relacionamentos com os irmãos de fé: "Portanto, cada um de vocês deve abandonar a mentira e falar a verdade ao seu próximo, pois todos somos membros de um mesmo corpo." Assim, fica claro o motivo de incluirmos esta orientação — "não mintais uns aos outros" — como parte dos mandamentos recíprocos que visam à proteção dos relacionamentos.

Antes de prosseguir...

...tente fazer uma lista das mentiras que você mais ouve na convivência com seus irmãos de fé. Qual deve ser o seu procedimento em relação a eles para que tomem uma nova posição em favor da verdade e da transparência nos relacionamentos?

____

____

____

____

____

____

...lembremos que a mentira é um pecado fácil no qual podemos cair, pois basta usarmos a língua. Pensando nisso, você consegue fazer, em espírito de confissão a Deus, uma lista de pequenas inverdades ou informações falsas que tem criado?

____

____

____

____

____

____

PARTE 3
Mandamentos para a edificação dos relacionamentos

Edificai-vos uns aos outros

Chegamos, aqui, ao bloco de mandamentos recíprocos identificados na Palavra de Deus com o objetivo de mútua edificação nos relacionamentos com os irmãos de fé. O primeiro deles, e que vemos com frequência na Bíblia, é a base desse conjunto, e diz que devemos edificar uns aos outros. O versículo fundamental para nossa meditação está presente em 1Tessalonicenses 5:11: "Por isso, exortem-se e edifiquem-se uns aos outros, como de fato vocês estão fazendo."

Esse mandamento, bem como o desdobramento dele nos próximos itens, é muito importante porque mostra como podemos ser usados por Deus em um de seus projetos mais grandiosos: a construção de sua casa. Lembre-se: *edificar*, no original grego, indica a ideia de "construir", e o termo é usado no sentido de edificação espiritual, de modo que a vida do cristão seja erigida como uma casa espiritual onde o Espírito Santo habita, capacitando cada um de nós para o sacerdócio santo, como vemos em 1Pedro 2:5: "Vocês também estão sendo utilizados como pedras vivas na edificação de uma casa espiritual para serem sacerdócio santo, oferecendo sacrifícios espirituais aceitáveis a Deus, por meio de Jesus Cristo." Esse processo de construção está em andamento agora mesmo.

Não foi à toa que o autor da Carta aos Tessalonicenses viu-se inspirado a fazer essa analogia entre a vida cristã e a construção de uma casa. Há alguns princípios envolvidos na elaboração e na execução de uma obra, os quais também se aplicam à jornada de edificação da nossa fé e da nossa comunhão com o Senhor. Pense nisto:

- Primeiro, vem o planejamento. Como você deseja construir essa casa? Qual o objetivo? Sobre qual estrutura ela será edificada?
- Em seguida, você precisa levantar os recursos. Afinal, o crescimento na graça do Senhor vai exigir de você um investimento de tempo e energia — oração, leitura da Palavra, meditação, comunhão com os santos de Deus etc.
- Tendo passado por essas primeiras duas etapas, começa a construção dos alicerces. Lembre-se de que uma casa só permanece de pé, sem risco de cair ou de rachar, quando sua estrutura é boa e está colocada sobre um fundamento sólido, ou seja, a Palavra de Deus, como afirma Mateus 7:24-27: "Portanto, quem ouve essas minhas palavras e as pratica é como um homem prudente que construiu a sua casa sobre a rocha. Caiu a chuva, transbordaram os rios, sopraram os ventos e deram contra aquela casa, e ela não caiu, porque tinha seus alicerces na rocha. Mas quem ouve essas minhas palavras e não as pratica é como um insensato que construiu a sua casa sobre a areia. Caiu a chuva, transbordaram os rios, sopraram os ventos e deram contra aquela casa, e ela caiu. E foi grande a sua queda."
- Findo o estabelecimento das estruturas, é hora de levantar as paredes e o telhado, que são as partes mais visíveis de uma casa. São elas que vão mostrar aos vizinhos que aquele terreno antes vazio agora tem uma identidade, uma casa que é "a cara do dono".
- Uma vez erguidas as paredes e o telhado, é preciso fazer as instalações necessárias para a casa funcionar — passar canos, fios elétricos etc. No caso da comparação com a vida cristã, podemos dizer que são as *veias* de que essa edificação precisa para manter-se ativa na comunidade dos santos.
- Por fim, fazemos o acabamento. É hora de dar a cor de que mais gostamos, revestir de maneira que fique mais acolhedora e confortável, mobiliar de um jeito que a casa fique tão bonita quanto funcional.

É importante frisar também que o Senhor providenciou ótimos materiais para garantir a qualidade da construção. Podemos ver isso em Efésios 4:11-13, em que a Palavra de Deus revela-nos que os dons foram dados à Igreja para a edificação do Corpo de Cristo:

> E ele designou alguns para apóstolos, outros para profetas, outros para evangelistas, e outros para pastores e mestres, com o fim de preparar os santos para a obra do ministério, para que o corpo de Cristo seja edificado, até que todos alcancemos a unidade da fé e do conhecimento do Filho de Deus, e cheguemos à maturidade, atingindo a medida da plenitude de Cristo.

Essa distribuição de talentos acontece porque, na obra de Deus, ninguém se edifica ou chega à maturidade sozinho, isolado, como se esforço próprio fosse suficiente. Claro que isso é importante, mas não se pode perder de vista que, para o Senhor, uma das maiores provas de maturidade na vida cristã é nossa capacidade de viver em comunhão, relacionando-nos uns com os outros. É a razão maior deste livro, como temos visto até agora.

A seguir, vejamos alguns versículos bíblicos que tratam da questão da edificação mútua entre os irmãos de fé. Medite neles ao imaginar as formas possíveis de exercer esse mandamento recíproco.

- Suas atitudes importam: Romanos 14:19 e 15:2; 1Coríntios 8:1 e 10:23.
- Suas palavras importam: Efésios 4:29.
- Sua maneira de compartilhar a Palavra de Deus importa: Atos 20:32; Colossenses 3:16a.
- Seu louvor comunitário importa: Efésios 5:19; Colossenses 3:16b.
- Sua oração pelo e com o irmão importa: Judas 20.
- A ministração recíproca dos dons dados por Deus importa: 1Coríntios 14:1-26.
- O exercício dos ministérios que o Senhor Jesus nos concede importa: Efésios 4:11,12.

Antes de prosseguir...

...lembre-se de que a Bíblia fala em diversas formas de edificação mútua entre o povo de Deus. Você poderia fazer uma lista de situações recentes nas quais percebe que foi usado pelo Senhor para edificar um irmão de fé?

____

____

____

____

____

____

...pense em oportunidades que a vida comunitária oferece para que um irmão edifique outro. De que maneira sua igreja local pode contribuir, hoje, para que esse mandamento recíproco seja colocado em prática com mais eficiência?

____

____

____

____

____

____

Instruí-vos uns aos outros

Conforme avançamos nos mandamentos recíprocos destinados à edificação uns dos outros, vejamos o que a Palavra nos diz a respeito de um assunto que está vinculado ao ministério de todos os santos: a instrução. Por hábito, temos a tendência de associar essa palavra à noção de aula, ensino convencional, mas a ideia, aqui, é mais ampla. *Instruir* é também orientar, guiar, nortear, dar subsídios para a caminhada na fé de nossos irmãos. Assim, é um equívoco achar que se trata de uma orientação apenas para mestres ou líderes. Pelo contrário, todos podemos e devemos instruir-nos todo o tempo, por isso esse mandamento recíproco está incluído na lista.

Vamos examinar o que o texto de Colossenses 3:16 diz sobre a importância de nos instruirmos mutuamente: "Habite ricamente em vocês a palavra de Cristo; ensinem e aconselhem-se uns aos outros com toda a sabedoria, e cantem salmos, hinos e cânticos espirituais com gratidão a Deus em seus corações." Sabemos da grande importância de termos a Palavra do Senhor habitando em nossa vida. Conhecê-la não é o bastante — precisamos vivê-la. E nesse versículo ela ganha pessoalidade, sendo-nos apresentada como um "instrutor".

Há uma palavra no grego original da Bíblia, *didasko*, que tem o significado de "ensino", "instrução". Seu valor para a vida cristã e para o aperfeiçoamento dos filhos de Deus (ou seja, a edificação do Corpo de Cristo) é tão grande, que ela aparece nada menos que 97 vezes no Novo Testamento. Pense nisto: quase uma centena de referências à importância e ao valor do ensino, da instrução. Até mesmo ao falar sobre a Grande Comissão, em Mateus 28:18-20, Jesus destacou o papel do ensino na formação de novos discípulos:

> Então, Jesus aproximou-se deles e disse: "Foi-me dada toda a autoridade nos céus e na terra. Portanto, vão e façam discípulos de todas as nações, batizando-os em nome do Pai e do Filho e do Espírito Santo, ensinando-os a obedecer a tudo o que eu lhes ordenei. E eu estarei sempre com vocês, até o fim dos tempos".

E por que incluímos o ensino entre os mandamentos recíprocos relacionados à mútua edificação dos irmãos de fé? Porque ele produz um efeito edificador. Ele fortalece os alicerces da vida cristã individual, produzindo cristãos mais comprometidos com Deus, com a Palavra e com a Igreja de Cristo. Quando negligenciamos a instrução, o resultado é uma igreja infantil, débil, carnal, cheia de disputas, contendas e cisões pelos motivos mais fúteis. Basta olhar a trajetória de algumas igrejas e de alguns ministérios para notar a diferença que o ensino faz: os grupos mais sólidos, considerados referências de ministração e serviço, possuem um ministério forte nessa área e estimulam os irmãos a instruírem uns aos outros. Em oposição a isso, igrejas que não priorizam o ensino logo se encontram envolvidas em divisões, brigas internas, e muitas delas desaparecem, como edifícios construídos sobre fundamentos fracos e terreno instável.

E onde começa esse ensino mútuo? Em nosso lar, como lemos em Deuteronômio 11:18-21:

> Gravem estas minhas palavras no coração e na mente; amarrem-nas como sinal nas mãos e prendam-nas na testa. Ensinem-nas a seus filhos, conversando a respeito delas quando estiverem sentados em casa e quando estiverem andando pelo caminho, quando se deitarem e quando se levantarem. Escrevam-nas nos batentes das portas de suas casas, e nos seus portões, para que, na terra que o SENHOR jurou que daria aos seus antepassados, os seus dias e os dias dos seus filhos sejam muitos, sejam tantos como os dias durante os quais o céu está acima da terra.

Note que a instrução deve começar cedo, de pais para filhos, assim como dos pais entre si. Esse ensino deve ser tão poderoso a ponto de influenciar o relacionamento com todas as pessoas, dando testemunho do Senhor não apenas diante dos irmãos em Cristo, como também na presença de parentes, vizinhos e outros conhecidos.

O ensino é tão fundamental para a saúde do cristão e da comunidade dos santos, que a Bíblia o coloca como elemento basilar do sacerdócio universal. O que se espera de um cristão verdadeiramente comprometido com o Reino de Deus é que ele se torne um mestre. Veja a instrução contida em Hebreus 5:12-14:

> Embora a esta altura já devessem ser mestres, vocês precisam de alguém que lhes ensine novamente os princípios elementares da palavra de Deus. Estão precisando de leite, e não de alimento sólido! Quem se alimenta de leite ainda é criança, e não tem experiência no ensino da justiça. Mas o alimento sólido é para os adultos, os quais, pelo exercício constante, tornaram-se aptos para discernir tanto o bem quanto o mal.

Essa passagem da Palavra de Deus menciona quatro pontos muito importantes que merecem destaque:

- Embora o ensino produza edificação, ou seja, crescimento na graça e no conhecimento do Senhor, nunca podemos dizer que já sabemos tudo. Até o cristão mais versado nas Escrituras deve ser humilde e entender que Deus pode e certamente vai usar outras pessoas para instruí-lo no devido tempo. Há sempre algo a aprender quando se trata das coisas de Deus.
- O ensino (e, consequentemente, o aprendizado) é um processo constante; quer dizer, não se encerra nas coisas mais básicas — ou o "leite". Como acontece com crianças, depois de certo tempo é hora de instruir (discipular) com alimento mais sólido e consistente, próprio para cristãos que vão amadurecendo e crescendo. Assim, a vida individual do crente e sua vida comunitária (a Igreja, o Corpo de Cristo) tornam-se cada vez mais sólidas e saudáveis.
- É preciso estimular as pessoas que instruímos a colocar em prática aquilo que aprendem. É o que o versículo chama de "exercício constante", que habilita o cristão a discernir o bem do mal.
- Instruir uns aos outros é um mandamento recíproco porque Deus espera que tenhamos esse cuidado uns com os outros em nossa comunidade de fé e que esse cuidado se multiplique. O texto em 2Timóteo 2:1,2 diz: "Portanto, você, meu filho, fortifique-se na graça que há em Cristo Jesus. E as palavras que me ouviu dizer na presença de muitas testemunhas, confie-as a homens fiéis que sejam também capazes de ensinar a outros." Ou seja, a instrução deve gerar cristãos capazes de instruir outros, e assim por diante. É a maneira que Deus escolheu de manter sua Igreja forte e saudável.

Antes de prosseguir...

...pense nas oportunidades que você já teve de instruir as pessoas de sua comunidade de fé. Consegue listar alguns casos bem marcantes em que seu ensino produziu edificação na vida de um irmão em Cristo?

____

____

____

____

____

____

____

...reflita sobre as pessoas que já passaram por sua vida oferecendo orientação e instrução. Quais as grandes lições que você aprendeu e que moldaram sua vida e a maneira de exercer sua fé?

____

____

____

____

____

____

____

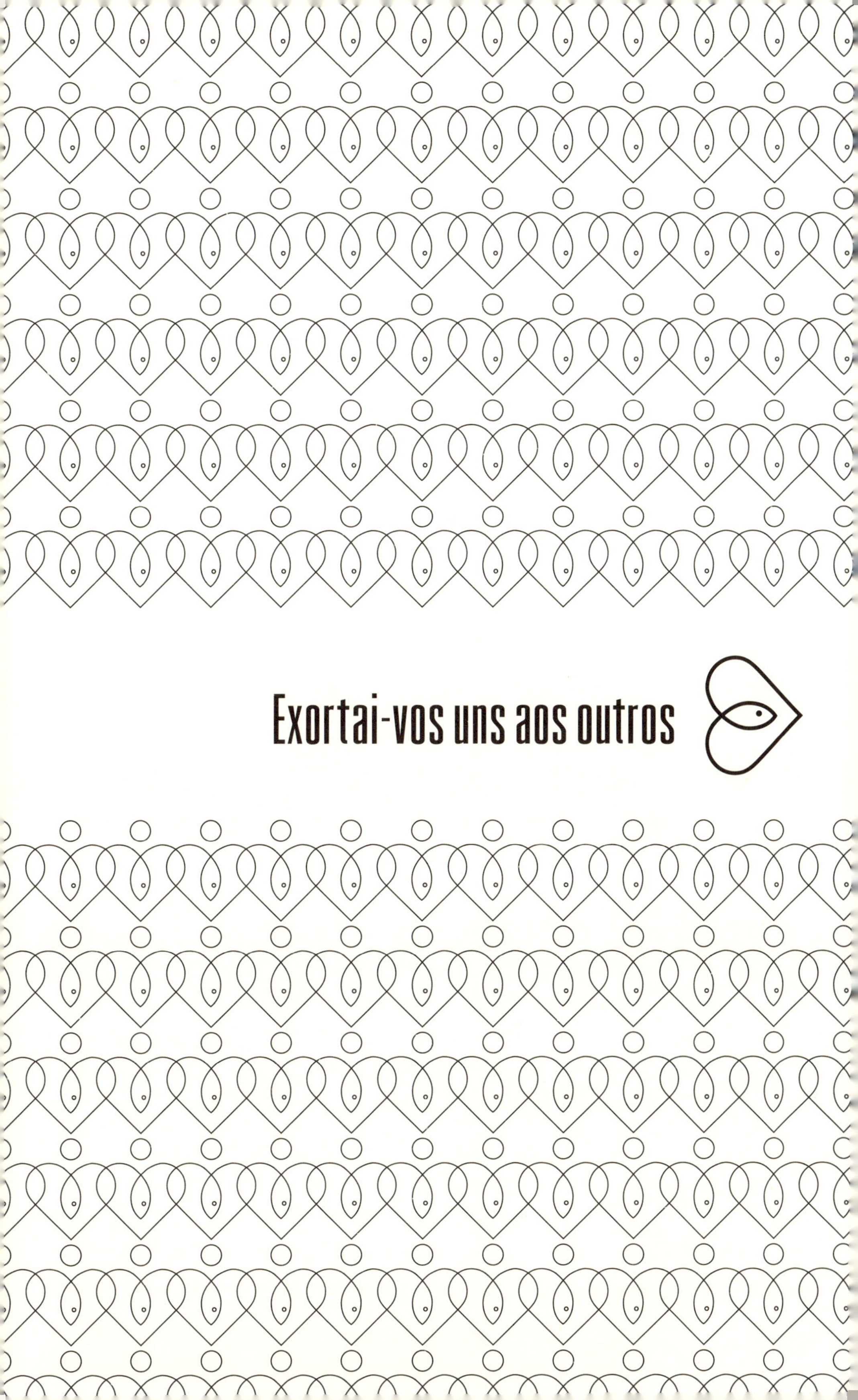

Exortai-vos uns aos outros

Em certo sentido, podemos dizer que o mandamento recíproco que vamos analisar agora, sobre a importância da exortação mútua, é quase uma extensão do que lemos no capítulo anterior. Não são a mesma coisa, mas a forma como colocamos os dois em prática em nossos relacionamentos demonstra uma espécie de "passo seguinte" à instrução no processo de edificação de nossos irmãos. Se Deus espera de nós que pratiquemos o ensino mútuo, também nos confia a responsabilidade de nos encorajarmos.

A palavra *exortar* vem do grego *parakaléo* e significa "chamar uma pessoa para encorajar", "incentivar", "animar", "consolar", "confortar". É por isso que algumas versões da Palavra de Deus usam o verbo *encorajar* na passagem contida em Hebreus 3:12-14:

> Cuidado, irmãos, para que nenhum de vocês tenha coração perverso e incrédulo, que se afaste do Deus vivo. Ao contrário, encorajem-se uns aos outros todos os dias, durante o tempo que se chama "hoje", de modo que nenhum de vocês seja endurecido pelo engano do pecado, pois passamos a ser participantes de Cristo, desde que, de fato, nos apeguemos até o fim à confiança que tivemos no princípio.

Repare no que esse texto diz a respeito do objetivo desse mandamento recíproco: "[...] de modo que nenhum de vocês seja endurecido pelo engano do pecado [...]" Ou seja, a orientação "exortai-vos" (do grego *parakaleîte*) está diretamente relacionada à necessidade de mútuo encorajamento para que sejamos capazes de resistir aos efeitos do pecado. Fazendo uma comparação bem simples, é como se precisássemos dizer a uma criança, o tempo todo, que ela não deve brincar com alguma coisa perigosa para evitar que se machuque, por mais que pareça divertido.

Isso porque o pecado não costuma apresentar-se com sua face maligna verdadeira. Ele se traveste para ficar mais atraente, mas é um assassino. É preciso expulsá-lo e mantê-lo longe de nossa casa para que possamos sobreviver. A Palavra de Deus se refere ao pecado como "extremamente pecaminoso" — ou "excessivamente maligno", em algumas versões bíblicas — (Romanos 7:13). É por essa razão que necessitamos de encorajamento (exortação) mútuo e constante, de modo a vencê-lo. Não podemos esmorecer diante dele.

Essa responsabilidade espiritual recai sobre todos os cristãos. Cada irmão é considerado por Deus um guardião da alma de outro. Quando negligenciamos esse mandamento recíproco, os resultados são desastrosos. Tomemos como exemplo Caim, como descrito em Gênesis 4:6-10:

> O SENHOR disse a Caim: "Por que você está furioso? Por que se transtornou o seu rosto? Se você fizer o bem, não será aceito? Mas se não o fizer, saiba que o pecado o ameaça à porta; ele deseja conquistá-lo, mas você deve dominá-lo." Disse, porém, Caim a seu irmão Abel: "Vamos para o campo." Quando estavam lá, Caim atacou seu irmão Abel e o matou. Então o SENHOR perguntou a Caim: "Onde está seu irmão Abel?" Respondeu ele: "Não sei; sou eu o responsável por meu irmão?" Disse o SENHOR: "O que foi que você fez? Escute! Da terra o sangue do seu irmão está clamando."

Também merece destaque o uso da expressão "o tempo que se chama 'hoje'", em Hebreus 3:13. É uma indicação clara da urgência desse cuidado mútuo e da importância de sermos sóbrios e vigilantes, já que "o Diabo, o inimigo de vocês, anda ao redor como leão, rugindo e procurando a quem possa devorar" (1Pedro 5:8).

Antes de prosseguir...

...utilize as linhas a seguir para descrever seu entendimento sobre esse mandamento recíproco. De que maneiras você acredita que possa exortar (encorajar) seus irmãos em Cristo para que sejam capazes de resistir ao pecado?

...pense nas possíveis reações das pessoas quando forem abordadas com uma palavra de exortação. Como ter certeza de que sua intenção de ajudar o irmão de fé com uma palavra de encorajamento será recebida não como acusação, mas como solidariedade espiritual?

Admoestai-vos uns aos outros

A palavra *admoestar* é, sem dúvida, bem rebuscada, poucas vezes utilizada nos textos modernos. No entanto, nas versões mais tradicionais da Bíblia, ela está presente para indicar a ação de advertir alguém, repreender sem agressividade, oferecer um conselho, apontar um risco ou mesmo exortar — nesse caso, um encorajamento pelo caminho da orientação. O termo é usado em Romanos 15:14, que as versões recentes da Palavra de Deus trataram de atualizar para facilitar a compreensão: "Meus irmãos, eu mesmo estou convencido de que vocês estão cheios de bondade e plenamente instruídos, sendo capazes de *aconselhar-se* uns aos outros" (grifo do autor).

Aconselhar (ou admoestar) não é um mandamento recíproco fácil. Nem sempre o nosso irmão está preparado para — ou disposto a — ouvir uma palavra de alerta sobre um perigo espiritual que está correndo, mesmo que essa advertência seja dada com delicadeza. Por essa razão, precisamos de duas habilidades para admoestarmos uns aos outros:

1. **Conhecimento:** não adianta querer chamar a atenção de um irmão sobre o erro que está cometendo (ou está na iminência de cometer) se ele não vir em nós a autoridade que o conhecimento da Palavra de Deus e a experiência de vida produzem. Você confiaria o conserto da instalação elétrica de sua casa a alguém que nunca trabalhou com isso na vida? Claro que não!

Da mesma maneira, é preciso que o admoestador tenha conhecimento para conquistar credibilidade na hora de falar com o irmão. Aquele que admoesta deve ter uma conduta cristã exemplar, consubstanciada na sua vida diária, de tal modo que os irmãos advertidos sejam ensinados pelo exemplo.

2. **Brandura:** querida irmã, querido irmão, abordar um problema com postura agressiva, acusatória ou de superioridade é quase como pedir que o próximo não lhe dê ouvidos. Ele pode sentir-se agredido, acuado; aí, sua admoestação não produzirá o efeito desejado — pelo contrário, ainda é possível que crie uma resistência, um bloqueio. É preciso sensibilidade, principalmente quando o conselho ou a advertência tocam em pontos muito delicados. Confrontar alguém com seu erro não é brigar com essa pessoa nem falar asperamente, muito menos gritar com ela. Significa, na verdade, colocá-la frente a frente com seu erro, com sua atitude pecaminosa, tendo no coração o desejo real e ardente de ajudá-la a compreender qual a melhor maneira de tratar essa área de sua vida não apenas agora, mas também no futuro.

Ao tentarmos ajudar uns aos outros sem essas qualificações, corremos o risco de não conquistar reação favorável do irmão admoestado. No entanto, não negligencie sua responsabilidade em relação ao irmão de fé. Tenha em mente o texto de 1Timóteo 4:13-16, que fala não apenas do dever que todos os cristãos têm de exortar uns aos outros, mas também da maneira como devem proceder para cumprir esse mandamento recíproco com sabedoria, competência e eficácia:

> Até a minha chegada, dedique-se à leitura pública da Escritura, à exortação e ao ensino. Não negligencie o dom que lhe foi dado por mensagem profética com imposição de mãos dos presbíteros. Seja diligente nessas coisas; dedique-se inteiramente a elas, para que todos vejam o seu progresso. Atente bem para a sua própria vida e para a doutrina, perseverando nesses deveres, pois, agindo assim, você salvará tanto a si mesmo quanto aos que o ouvem.

Antes de prosseguir...

...reflita sobre o que as passagens bíblicas abordadas neste capítulo falam a respeito do dever dos cristãos de admoestar uns aos outros. Você acredita ser uma pessoa habilitada para a admoestação? Por quê?

____

____

____

____

____

____

____

...considere a sua vida neste momento e as lutas espirituais pelas quais está passando. Em que áreas você acha que deveria receber admoestação por parte dos irmãos de fé?

____

____

____

____

____

____

____

Falai uns aos outros com salmos e cânticos espirituais

Ao falarmos sobre o quinto e último mandamento recíproco do terceiro bloco (relativo às orientações bíblicas cujo objetivo é promover edificação mútua entre os irmãos), devemos tomar cuidado com a linguagem que a Bíblia usa para se referir a ele. Inicialmente, vamos aos textos que servem de base para este capítulo:

> Portanto, não sejam insensatos, mas procurem compreender qual é a vontade do Senhor. Não se embriaguem com vinho, que leva à libertinagem, mas deixem-se encher pelo Espírito, falando entre si com salmos, hinos e cânticos espirituais, cantando e louvando de coração ao Senhor, dando graças constantemente a Deus Pai por todas as coisas, em nome de nosso Senhor Jesus Cristo (Efésios 5:17-20).
>
> Habite ricamente em vocês a palavra de Cristo; ensinem e aconselhem-se uns aos outros com toda a sabedoria, e cantem salmos, hinos e cânticos espirituais com gratidão a Deus em seu coração. Tudo o que fizerem, seja em palavra ou em ação, façam-no em nome do Senhor Jesus, dando por meio dele graças a Deus Pai (Colossenses 3:16,17).

Observe que a orientação presente no texto de Efésios, "falando entre si com salmos, hinos e cânticos espirituais", não é um estímulo a formas estereotipadas de cultos, com liturgias e programações que só produzem euforia ou, ao contrário, não proporcionam mais do que uma sensação de religiosidade. Nenhum dos dois extremos é um culto que agrade ao Senhor, pois eles revelam um relacionamento raso, superficial. O que esse versículo aponta é para uma expressão vigorosa e espontânea de vida espiritual plena, na qual o Espírito Santo atua de maneira poderosa e sua presença é sentida sem frieza ou extremismo. Esse culto cheio de espiritualidade sadia, que conforta a alma e dá motivação para viver e servir, deve ser a consequência natural da caminhada do cristão que vive em intimidade com Deus e sua Palavra.

A maneira indicada pelo Senhor, por intermédio de sua Palavra, para que nos tornemos uma autêntica comunidade do Espírito Santo é que pratiquemos entre nós, cada vez mais, a linguagem do Reino de Deus, que é a linguagem do louvor. Salmos, hinos e cânticos espirituais são formas de expressar a grandeza do Senhor, exaltar seu poder, engrandecer seu Santo Nome, declarar as maravilhas que ele realiza em nossa vida, na Igreja e em todo o universo. O oposto dessa linguagem é a murmuração, a maledicência, e isso desagrada tanto a Deus, a ponto de atrair o anjo exterminador à vida daqueles que assim procedem. Veja o que está escrito em 1Coríntios 10:10,11: "E não se queixem, como alguns deles se queixaram — e foram mortos pelo anjo destruidor. Essas coisas aconteceram a eles como exemplos e foram escritas como advertência para nós, sobre quem tem chegado o fim dos tempos".

Os salmos, hinos e cânticos espirituais, tomados no seu conjunto, descrevem a plena gama do cântico impulsionado pelo Espírito Santo. Embora os três conceitos estejam ligados, eles possuem particularidades que veremos a seguir.

Salmos

Os salmos retratam experiências humanas transformadas pela ação de Deus, especialmente na vida de Davi. Tais experiências prefiguravam as situações pelas quais Jesus iria passar durante seu ministério na Terra. Pelo fato de expressarem dramas da vida real, os salmos estão repletos de súplicas, rogos, intercessões, queixumes, gemidos, confissões, apelos, mas sempre entremeados e encerrados com ações de graça, louvores, palavras proféticas, adoração e reconhecimento da grandeza de Deus.

Hinos

Estão mais identificados com o louvor festivo, como vemos em Atos 16:25 ("Por volta da meia-noite, Paulo e Silas estavam orando e cantando hinos a Deus; os outros presos os ouviam") e Hebreus 2:12 ("Ele diz: 'Proclamarei o teu nome a meus irmãos; na assembleia te louvarei'"). No original, o verbo se refere ao ato de entoar hinos. Dessa maneira, os hinos são expressões de louvor, de júbilo, de exaltação ao Senhor e a seus atributos, cantados por inspiração do Espírito Santo, e são muito importantes para a mútua edificação. Ao enfrentarmos lutas e aflições, enquanto Satanás procura encher-nos de medo e dúvida, entoar hinos de louvor ao Senhor nos faz lembrar de que Deus continua reinando, que tem todo o poder, que é fiel, que cuida de nós, que não nos desampara. Assim, transmitimos aos irmãos uma mensagem de encorajamento e *sopramos* uns sobre os outros um espírito de fé, esperança, regozijo, refrigério, paz e alegria.

Cânticos espirituais

São cânticos especialmente concedidos pelo Espírito Santo ao toque de uma súbita inspiração, geralmente em momentos de culto individual ou coletivo. Chega a nós sem uma estrutura preordenada, como o fluir de um rio que, por encher-se muito, as margens não podem conter. Assim, transborda em um fluxo inspirado, sublime e harmonioso gerado pelo Espírito.

Antes de prosseguir...

...considere que existe uma diferença entre cantar — seja sozinho, seja em comunidade — e louvar. Você seria capaz de descrever momentos em que confundiu as duas coisas? E como reagiu a isso diante de Deus?

...pense em quantas vezes um cântico comunitário ou um hino ajudou você em um momento de aflição ou tristeza. Faça uma lista das canções mais marcantes em sua jornada com Cristo.

PARTE 4
Mandamentos para o serviço nos relacionamentos

Sede servos uns dos outros

E, assim, chegamos ao quarto e último bloco de mandamentos recíprocos, composto de cinco orientações do Senhor para que os irmãos em Cristo estejam sempre prontos a servir uns aos outros. Isso porque a vida cristã só faz sentido quando colocada à disposição de Deus para que seja usada no serviço, que tem em Jesus seu mais poderoso e perfeito exemplo. Nosso Salvador veio para servir, como ele mesmo afirmou em Marcos 10:42-45:

> Jesus os chamou e disse: "Vocês sabem que aqueles que são considerados governantes das nações as dominam, e as pessoas importantes exercem poder sobre elas. Não será assim entre vocês. Ao contrário, quem quiser tornar-se importante entre vocês deverá ser servo; e quem quiser ser o primeiro deverá ser escravo de todos. Pois nem mesmo o Filho do homem veio para ser servido, mas para servir e dar a sua vida em resgate por muitos."

Ser servo do outro é, ao mesmo tempo, um ato de amor ao irmão de fé e de obediência ao Senhor. Quando nos dispomos a servir, damos ao próximo demonstração de seu valor para nós. É uma maneira de dizer: "Minha irmã, meu irmão, você é importante para mim, e, por reconhecer seu valor, coloco minha vida a seu serviço."

Tal atitude exige humildade e compaixão, e imagine como seria a convivência na comunidade dos santos se todos estivessem propensos a servir uns aos outros! E isso é sabedoria de Deus — ao nos legar esse mandamento recíproco, o Senhor tinha em mente uma comunidade de amor na qual ninguém se acharia superior a outro irmão. Quem deseja obedecer a Deus, portanto, deve dispor-se a servir.

Em Gálatas 5:13, encontramos o versículo que serve de base ao mandamento que analisaremos neste capítulo: "Irmãos, vocês foram chamados para a liberdade. Mas não usem a liberdade para dar ocasião à vontade da carne; ao contrário, sirvam uns aos outros mediante o amor." Em algumas versões, lemos: "Sede, antes, servos uns dos outros, pelo amor." Considerando a língua grega em que o Novo Testamento foi escrito, a palavra *servos* poderia ser mais bem traduzida como "escravos". Assim, a força do manuscrito original seria retida. Antes, éramos servos (escravos) do pecado. Agora, porém, estamos livres do poder do pecado e podemos servir (como se espera de um escravo) uns aos outros.

Note, porém, que o fim do versículo indica a maneira como esse serviço se dá: "[...] mediante o amor." Ou seja, não é pela imposição de uma regra ou de um costume. Isso faz uma enorme diferença para a concepção tradicional do termo *escravo*, que em geral é considerado aquele que trabalha para outra pessoa por obrigação ou por ser posse dela. É certo que Jesus, com seu sangue, também nos comprou, mas não para um serviço forçado. O seu amor nos constrange a servi-lo e, consequentemente, a servir os irmãos, pois todos somos parte da grande família de Deus.

O exemplo maior veio do próprio Senhor Jesus, conforme relatado no trecho de Filipenses 2:3-8:

> Nada façam por ambição egoísta ou por vaidade, mas humildemente considerem os outros superiores a si mesmos. Cada um cuide, não somente dos seus interesses, mas também dos interesses dos outros.

> Seja a atitude de vocês a mesma de Cristo Jesus, que, embora sendo Deus, não considerou que o ser igual a Deus era algo a que devia apegar-se; mas esvaziou-se a si mesmo, vindo a ser servo, tornando-se semelhante aos homens. E, sendo encontrado em forma humana, humilhou-se a si mesmo e foi obediente até a morte, e morte de cruz.

Só podemos estar na condição de servos (escravos) em amor se considerarmos os irmãos de fé superiores a nós. Essa inversão da lógica — quem deseja ser maior precisa considerar-se o menor — está presente na mensagem de Jesus e é corroborada pelos discípulos. Vejamos novamente o texto de Marcos 10:42-45:

> Jesus os chamou e disse: "Vocês sabem que aqueles que são considerados governantes das nações as dominam, e as pessoas importantes exercem poder sobre elas. Não será assim entre vocês. Ao contrário, quem quiser tornar-se importante entre vocês deverá ser servo; e quem quiser ser o primeiro deverá ser escravo de todos. Pois nem mesmo o Filho do homem veio para ser servido, mas para servir e dar a sua vida em resgate por muitos."

Assim como se valeu dessa antítese (figura de linguagem caracterizada pelo uso de palavras ou expressões de sentidos opostos), o Senhor Jesus também afirmou: "Pois quem quiser salvar a sua vida, a perderá, mas quem perder a sua vida por minha causa, a encontrará" (Mateus 16:25). Serviço é abnegação muito intensa, a ponto de se reputar a própria vida como menos preciosa que a do próximo.

A prática do mandamento recíproco de servir uns aos outros deve manifestar aspectos da natureza de Deus, de modo que todas as pessoas possam atestar que é pela operação do Senhor que somos capacitados a servir. Veja quais são esses aspectos:

- Amor: 1João 4:8; João 13:35.
- Unidade: João 10:30; João 17:21.
- Serviço: 1João 1:5; Mateus 5:14-16.

Antes de prosseguir...

...reflita sobre a importância do serviço em nossa vida por meio da transformação operada por Jesus. Em que áreas você se sente mais capaz de obedecer a esse mandamento recíproco?

...analise os obstáculos que podem colocar-se diante do desafio de obedecer a esse mandamento recíproco, como a arrogância, a preguiça etc. Quais devem ser as atitudes do cristão que deseja, de fato, servir a Deus servindo aos irmãos de fé?

Levai as cargas uns dos outros

Há quem diga, brincando, que esse é um mandamento recíproco fácil de cumprir: basta comprar uma picape ou um caminhão. Brincadeiras à parte, o fato é que essa orientação bíblica nos desafia a ser "imitadores de Cristo" (1Coríntios 11:1) de uma maneira muito específica, qual seja, em um ato de amor e graça, tomar sobre nós um fardo pesado que nem nos pertenceria por direito. Foi exatamente isso que o Senhor Jesus fez:

> Para isso vocês foram chamados, pois também Cristo sofreu no lugar de vocês, deixando-lhes exemplo, para que sigam os seus passos. "Ele não cometeu pecado algum, e nenhum engano foi encontrado em sua boca." Quando insultado, não revidava; quando sofria, não fazia ameaças, mas entregava-se àquele que julga com justiça. Ele mesmo levou em seu corpo os nossos pecados sobre o madeiro, a fim de que morrêssemos para os pecados e vivêssemos para a justiça; por suas feridas vocês foram curados (1Pedro 2:21-24).
>
> Certamente ele tomou sobre si as nossas enfermidades e sobre si levou as nossas doenças; contudo nós o consideramos castigado

> por Deus, por Deus atingido e afligido. Mas ele foi transpassado por causa das nossas transgressões, foi esmagado por causa de nossas iniquidades; o castigo que nos trouxe paz estava sobre ele, e pelas suas feridas fomos curados. Todos nós, tal qual ovelhas, nos desviamos, cada um de nós se voltou para o seu próprio caminho; e o SENHOR fez cair sobre ele a iniquidade de todos nós (Isaías 53:4-6).

Assim como, em uma demonstração inequívoca de seu amor por nós e de sua graça, Jesus se dispôs a tomar sobre si o peso das lutas da vida, devemos proceder da mesma forma com relação a nossos irmãos, como lemos em Gálatas 6:2: "Levem os fardos pesados uns dos outros e, assim, cumpram a lei de Cristo."

O pregador e poeta jacobita inglês John Donne afirmou: "Nenhum homem é uma ilha." O ser humano é, portanto, um ser gregário. Ele foi criado para viver em grupo, beneficiando-se da mútua colaboração. Ao fazermos isso, assumimos responsabilidades em relação ao próximo, e mais ainda quando se trata de nossa comunidade de fé. Um cristão é guardião de outro cristão, portanto devemos ser capazes de suportar as cargas uns dos outros. Isso significa aceitar o irmão com suas virtudes e seus defeitos, perdoar suas falhas, dar apoio em seus momentos de fraqueza, incentivar nas situações mais difíceis. Repare que a Bíblia não fala em "rebocar" ou "empurrar" o irmão que está carregando um fardo pesado, e, sim, em "carregar" de fato.

No original grego, *baros*, a palavra *carga* tem várias aplicações. Pode significar, literalmente, um peso, um fardo, uma carga. No entanto, quando aplicada ao contexto de um ensinamento moral ou espiritual, pode ser entendida como uma responsabilidade, uma tribulação ou mesmo uma tentação. Tem relação íntima com o termo *suportar* que, além do sentido de tolerar ou aturar a contragosto, como costuma ser usado, indica a capacidade de dar suporte, base, até mesmo sofrer em resistência a uma força contrária.

Quando temos essa visão mais ampla do que significa esse mandamento recíproco, entendemos nosso papel em assistir e apoiar nossos irmãos de fé, procurando ajudá-los, restaurá-los, fazer o possível para aliviar a carga pesada que muitos deles precisam suportar. É o que nos ensina o apóstolo Paulo em Romanos 15:1-7:

> Nós, que somos fortes, devemos suportar as fraquezas dos fracos, e não agradar a nós mesmos. Cada um de nós deve agradar ao seu próximo para o bem dele, a fim de edificá-lo. Pois também Cristo não agradou a si próprio, mas, como está escrito: "Os insultos daqueles que te insultam caíram sobre mim." Pois tudo o que foi escrito no passado, foi escrito para nos ensinar, de forma que, por meio da perseverança e do bom ânimo procedentes das Escrituras, mantenhamos a nossa esperança. O Deus que concede perseverança e ânimo dê-lhes um espírito de unidade, segundo Cristo Jesus, para que com um só coração e uma só boca vocês glorifiquem ao Deus e Pai de nosso Senhor Jesus Cristo. Portanto, aceitem-se uns aos outros, da mesma forma que Cristo os aceitou, a fim de que vocês glorifiquem a Deus.

Antes de prosseguir...

...releia o que foi apresentado neste capítulo sobre a importância de levarmos a carga uns dos outros. Você se lembra de algum momento difícil de sua vida em que um irmão se dispôs a lhe oferecer esse tipo de suporte?

...procure pensar em situações enfrentadas pelas pessoas de sua igreja. Que formas de apoio a comunidade de fé pode oferecer quando um membro do Corpo de Cristo passa por alguma tribulação ou dificuldade?

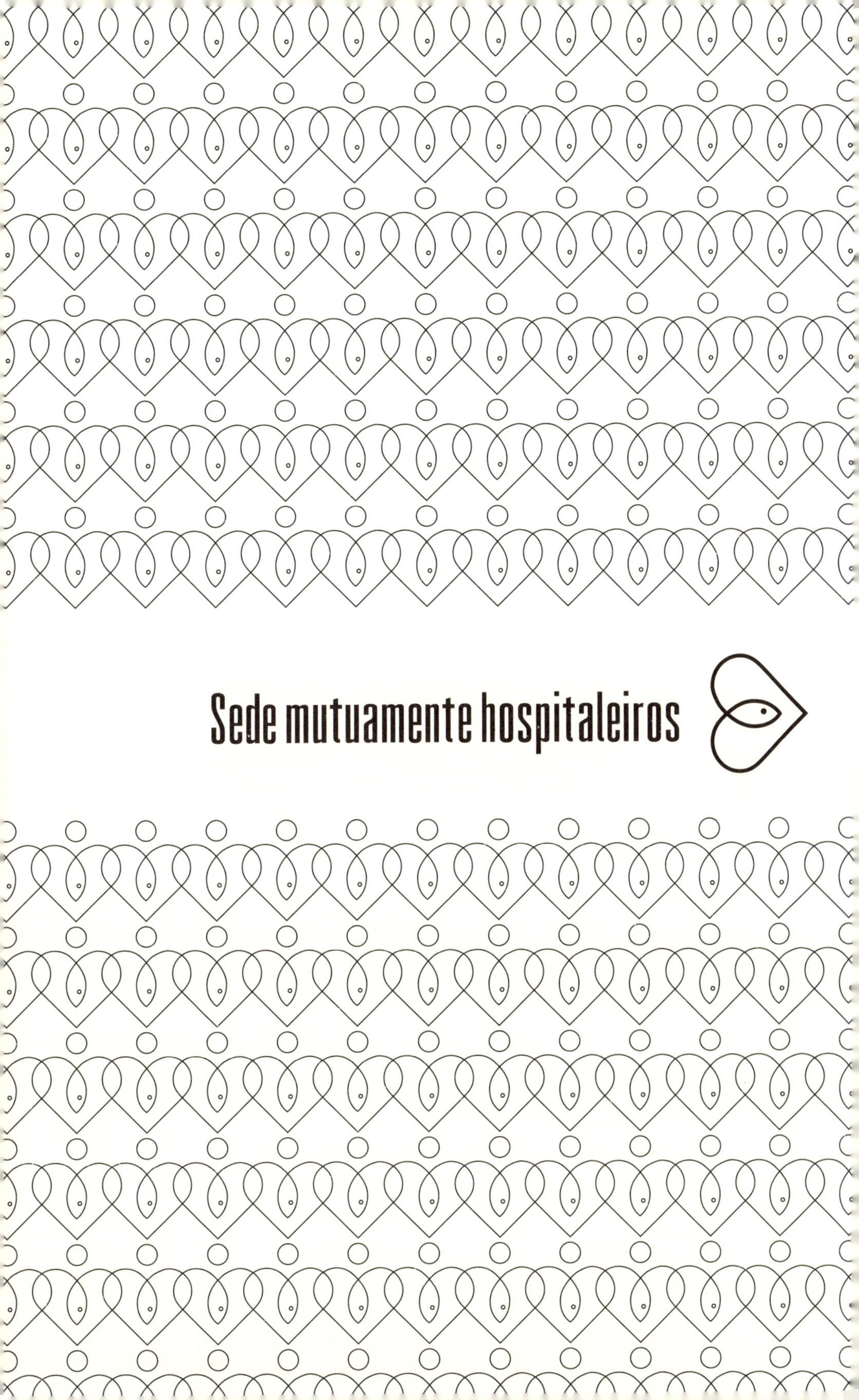
Sede mutuamente hospitaleiros

Nos tempos das viagens missionárias dos discípulos de Jesus, ficar em hospedarias era, além de caro, constrangedor, pois esses locais também eram procurados por pessoas que tinham o objetivo de praticar adultério, meter-se em bebedeiras, apostas, prostituição, planejar negociatas e até roubos. Imagine como era desconfortável para um cristão em missão ter de orar e meditar na Palavra com tanta gente imoral em volta! Por essa razão, tornou-se comum o hábito de missionários ficarem hospedados nas casas de seus irmãos de fé cada vez que chegavam a uma cidade. Eram recebidos com alegria, e os anfitriões faziam de tudo para que eles se sentissem na própria casa. Receber os missionários era visto como um privilégio, e os irmãos que abriam as portas para outros se sentiam grandemente abençoados.

Outro aspecto importante da hospitalidade, também consequência desse costume de acolher os irmãos de fé para juntos celebrar o Senhor e promover discipulado, foi o surgimento dos pequenos grupos, hoje bastante conhecidos também como células. Em Atos 2:42-47 lemos:

> Eles se dedicavam ao ensino dos apóstolos e à comunhão, ao partir do pão e às orações. Todos estavam cheios de temor, e muitas

> maravilhas e sinais eram feitos pelos apóstolos. Todos os que criam mantinham-se unidos e tinham tudo em comum. Vendendo suas propriedades e bens, distribuíam a cada um conforme a sua necessidade. Todos os dias, continuavam a reunir-se no pátio do templo. Partiam o pão em suas casas, e juntos participavam das refeições, com alegria e sinceridade de coração, louvando a Deus e tendo a simpatia de todo o povo. E o Senhor lhes acrescentava todos os dias os que iam sendo salvos.

Repare que os discípulos se reuniam em grupos maiores no pátio do templo, mas algumas atividades ocorriam nos lares dos discípulos, como o ato de compartilhar o pão e o louvor (compreendido aqui não apenas como a música, mas também a adoração e a meditação na Palavra). O pátio do templo permitia a eles propagar a fé, mas não era o lugar mais apropriado para a comunhão com os irmãos de fé. Não havia espaço suficiente, a circulação de pessoas era constante, não era possível dar a atenção que os novos convertidos precisavam. O movimento mais natural não poderia ser outro: reunir-se nas casas dos irmãos, que os recebiam com amor e hospitalidade.

Em 1Pedro 4:9, temos uma recomendação bastante clara: "Sejam mutuamente hospitaleiros, sem reclamação." A hospitalidade é uma característica histórica da Igreja de Cristo. Paulo começa sua carta a Filemom saudando seu amado cooperador "... e à igreja que se reúne com você em sua casa". Em Colossenses 4:15, o apóstolo se refere a "... Ninfa e a igreja que se reúne em sua casa". Reunir-se em células (ou grupos pequenos, ou qualquer outro nome que você prefira chamar) era a forma de fazer o Corpo de Cristo crescer e se desenvolver, e a hospitalidade mútua era o combustível desse relacionamento.

Outros relatos no livro de Atos e em várias cartas paulinas revelam o zelo com que os irmãos recebiam uns aos outros para encontros coletivos, ceias e, principalmente, descanso após longas jornadas pelo Oriente

Médio ou pela Europa, Ásia e região do Mediterrâneo. Aliás, em muitos casos, os discípulos que viajavam para pregar o Evangelho chegavam fatigados não apenas pela jornada, mas também como resultado de perseguições e até temporadas na prisão. Em Atos 12:12 lemos que Pedro, recém-libertado da prisão, "... se dirigiu à casa de Maria, mãe de João, também chamado Marcos, onde muita gente se havia reunido e estava orando".

Em certo sentido, os anfitriões também eram participantes desse esforço no cumprimento do "ide" — cuidar dos missionários, seja com sustento, seja com acolhida, também é uma forma de colaborar com a Grande Comissão. "Portanto, santos irmãos, participantes do chamado celestial, fixem os seus pensamentos em Jesus, apóstolo e sumo sacerdote que confessamos" (Hebreus 3:1). A obra missionária, tanto no passado como hoje em dia, tem uma grande dívida com aqueles cujos lares tiveram suas portas abertas para oferecer cuidado, proteção e guarida. Em amor, eles foram obedientes ao mandamento recíproco da hospitalidade, que se estendeu aos neófitos, ou seja, aqueles que se uniam à família de Cristo como resultado do trabalho dos que semeavam o Evangelho.

A institucionalização que tomou conta da Igreja no período medieval privou os cristãos dessa experiência de hospitalidade. Nem mesmo a Reforma Protestante, em seu primeiro momento, recuperou esse mandamento recíproco. Apenas alguns movimentos isolados, como o dos anabatistas, buscavam resgatar essa experiência. Posteriormente, outras iniciativas, como dos morávios e de John Wesley, entre outros, inspiraram igrejas modernas a adotar o modelo de estímulo à formação de grupos menores com base no mandamento recíproco da hospitalidade.

Mesmo assim, nunca é demais reforçar a importância de estimular os irmãos a serem hospitaleiros uns com os outros. O próprio Senhor Jesus reforçou o significado desse gesto, como lemos em Mateus 25:35-40:

> "Pois eu tive fome, e vocês me deram de comer; tive sede, e vocês me deram de beber; fui estrangeiro, e vocês me acolheram; necessitei de roupas, e vocês me vestiram; estive enfermo, e vocês cuidaram de mim; estive preso, e vocês me visitaram." Então os justos lhe responderão: "Senhor, quando te vimos com fome e te demos de comer, ou com sede e te demos de beber? Quando te vimos como estrangeiro e te acolhemos, ou necessitado de roupas e te vestimos? Quando te vimos enfermo ou preso e fomos te visitar?" O Rei responderá: "Digo-lhes a verdade: o que vocês fizeram a algum dos meus menores irmãos, a mim o fizeram".

Repare que a hospitalidade não se resume a oferecer um prato de comida ou um teto para alguém passar a noite. Ela vai além dos limites de nossa casa e até da igreja local; vai ao encontro do irmão em suas necessidades. Chega aos leitos dos hospitais, às penitenciárias, aos abrigos para pessoas idosas, doentes ou necessitadas, aos centros psiquiátricos e até às ruas, onde milhares de pessoas vivem sem um teto. Tão importante quanto sermos hospitaleiros com os irmãos de fé que recebemos em nosso lar é identificar onde estão aqueles que não tiveram força ou condição de bater à nossa porta.

Assim como a hospitalidade de quem a oferece é importante, o cristão que a aceita também deve ser suficientemente grato e sábio para não abusar nem passar da conta. Não há justificativa para privar o irmão anfitrião de seu conforto e de sua privacidade por tempo ilimitado. Também não faz sentido participar de uma célula apenas para aproveitar o lanche e sair da cozinha por uma noite. Uma coisa é ser recebido em amor pelos irmãos de fé para um período de conforto e recuperação de energias; outra é acomodar-se com uma situação de mordomia que não encontra respaldo na orientação bíblica sobre hospitalidade.

Antes de prosseguir...

...faça uma lista com todas as coisas que você acredita ter condições de proporcionar a uma irmã ou a um irmão que se hospede em sua casa durante uma jornada missionária. Como você procederia para que essa pessoa se sentisse como se estivesse em casa?

...imagine-se um missionário nos primeiros tempos da Igreja, sujeito a perseguições e a prisões. O que você esperaria encontrar na casa de algum irmão de fé que o acolhesse depois de uma jornada difícil, tanto material quanto espiritualmente falando?

Sede benignos uns para com os outros

A benignidade (ou bondade, como vemos em algumas versões da Bíblia) é um dos aspectos do fruto do Espírito, como descrito em Gálatas 5:16-23:

> Por isso digo: Vivam pelo Espírito, e de modo nenhum satisfarão os desejos da carne. Pois a carne deseja o que é contrário ao Espírito; e o Espírito, o que é contrário à carne. Eles estão em conflito um com o outro, de modo que vocês não fazem o que desejam. Mas, se vocês são guiados pelo Espírito, não estão debaixo da Lei. Ora, as obras da carne são manifestas: imoralidade sexual, impureza e libertinagem; idolatria e feitiçaria; ódio, discórdia, ciúmes, ira, egoísmo, dissensões, facções e inveja; embriaguez, orgias e coisas semelhantes. Eu os advirto, como antes já os adverti: Aqueles que praticam essas coisas não herdarão o Reino de Deus. Mas o fruto do Espírito é amor, alegria, paz, paciência, amabilidade, bondade, fidelidade, mansidão e domínio próprio. Contra essas coisas não há lei.

Também é um dos atributos (ou qualidades) de Deus, como podemos constatar em Lucas 6:35: "Amem, porém, os seus inimigos, façam-lhes o bem e emprestem a eles, sem esperar receber nada de volta. Então, a recompensa que terão será grande e vocês serão filhos do Altíssimo, porque ele é bondoso para com os ingratos e maus." Se fomos criados à imagem e à semelhança do Senhor, é natural que ele espere de nós a mesma atitude diante das pessoas, particularmente os irmãos de fé. Esse é o motivo pelo qual essa orientação está aqui, no grupo de mandamentos recíprocos que têm por objetivo o serviço mútuo.

Efésios 4:32 é um dos textos em que essa orientação faz-se bem clara: "Sejam bondosos e compassivos uns para com os outros, perdoando-se mutuamente, assim como Deus os perdoou em Cristo". Deus é bom, misericordioso, compassivo, amoroso. Na pessoa do Filho, ele se fez carne e habitou entre nós, mostrando que é possível colocar em prática esse mandamento recíproco e servindo de exemplo para nós. Não há justificativa para deixarmos de ser bons, nem mesmo as maldades deste mundo — lembremos que no tempo de Jesus também havia maldade, perseguição e calúnia, mas nem por isso o Salvador deixou de demonstrar seu amor e sua bondade. Como vimos em Lucas 6:35, Deus "é bondoso [até] para com os ingratos e maus" (a interpolação é minha).

A bondade nos faz compassivos. Trata-se de uma palavra que se refere às "entranhas" ou "vísceras", o que configura a atitude como algo íntimo, emocional, profundo. O Senhor Jesus demonstrou essa compaixão para com os seres humanos, em especial com os que estavam perdidos na vida, como é atestado em Mateus 9:35,36:

> Jesus ia passando por todas as cidades e povoados, ensinando nas sinagogas, pregando as boas novas do Reino e curando todas as enfermidades e doenças. Ao ver as multidões, teve compaixão delas, porque estavam aflitas e desamparadas, como ovelhas sem pastor.

O apóstolo Paulo é outro que fala sobre a importância de nos revestirmos com "entranhas de misericórdia" (ARC[4]) ou "profunda compaixão": "Portanto, como povo escolhido de Deus, santo e amado, revistam-se de profunda compaixão, bondade, humildade, mansidão e paciência" (Colossenses 3:12). Ao falarmos de compaixão, não podemos deixar de abordar a questão do perdão. No texto que lemos em Efésios 4:32, a sequência de orientações que formam esse mandamento recíproco inclui "perdoando-se mutuamente". Estamos diante da grande exigência cristã da fraternidade, presente também na oração que o Senhor Jesus ensinou: "Perdoa as nossas dívidas, assim como perdoamos aos nossos devedores" (Mateus 6:12). O perdão mútuo é um fator condicionante do perdão divino, como lemos em Mateus 18:21-35:

> Então Pedro aproximou-se de Jesus e perguntou: "Senhor, quantas vezes deverei perdoar a meu irmão quando ele pecar contra mim? Até sete vezes?" Jesus respondeu: "Eu lhe digo: Não até sete, mas até setenta vezes sete. Por isso, o Reino dos céus é como um rei que desejava acertar contas com seus servos. Quando começou o acerto, foi trazido à sua presença um que lhe devia uma enorme quantidade de prata. Como não tinha condições de pagar, o senhor ordenou que ele, sua mulher, seus filhos e tudo o que ele possuía fossem vendidos para pagar a dívida. O servo prostrou-se diante dele e lhe implorou: 'Tem paciência comigo, e eu te pagarei tudo.' O senhor daquele servo teve compaixão dele, cancelou a dívida e o deixou ir. Mas quando aquele servo saiu, encontrou um de seus conservos, que lhe devia cem denários. Agarrou-o e começou a sufocá-lo, dizendo: 'Pague-me o que me deve!' Então o seu conservo caiu de joelhos e implorou-lhe: 'Tenha paciência comigo,

4. Versão bíblica Almeida Revista e Corrigida.

> e eu lhe pagarei.' Mas ele não quis. Antes, saiu e mandou lançá-lo na prisão, até que pagasse a dívida. Quando os outros servos, companheiros dele, viram o que havia acontecido, ficaram muito tristes e foram contar ao seu senhor tudo o que havia acontecido. Então o senhor chamou o servo e disse: 'Servo mau, cancelei toda a sua dívida porque você me implorou. Você não devia ter tido misericórdia do seu conservo como eu tive de você?' Irado, seu senhor entregou-o aos torturadores, até que pagasse tudo o que devia. Assim também lhes fará meu Pai celestial, se cada um de vocês não perdoar de coração a seu irmão."

O perdão não depende de "sentimento", mas de uma atitude prática, um desejo genuíno de perdoar o irmão de fé. É um dos sinais mais importantes quando se trata de obedecer ao mandamento recíproco abordado neste capítulo: "Sede benignos uns para com os outros."

Antes de prosseguir...

...repare que o mandamento recíproco estudado neste capítulo fala em três atitudes: bondade, compaixão e perdão. Como você avalia sua atitude para com os irmãos da igreja nessas áreas do relacionamento?

____

____

____

____

____

____

____

...use as linhas a seguir para listar situações em que você teve de demonstrar bondade, compaixão ou perdão para com uma irmã ou um irmão que fez algo muito ofensivo. Você o fez por simples obediência ao mandamento ou conseguiu fazê-lo de coração?

____

____

____

____

____

____

Orai uns pelos outros

Chegamos, enfim, ao último capítulo deste livro. Ao longo desta jornada, passamos por quatro blocos de mandamentos recíprocos: os destinados à construção de relacionamentos entre os irmãos em Cristo; os que se referem à proteção desses relacionamentos; os que visam à edificação mútua; e os que têm por objetivo estimular o serviço mútuo. Fechamos nossa reflexão com chave de ouro: a oração.

A Palavra de Deus é pródiga em textos que nos inspiram e nos incentivam à prática da oração. No entanto, para efeito de reflexão sobre o tema no contexto dos mandamentos recíprocos, vamos destacar Tiago 5:13-16:

> Entre vocês há alguém que está sofrendo? Que ele ore. Há alguém que se sente feliz? Que ele cante louvores. Entre vocês há alguém que está doente? Que ele mande chamar os presbíteros da igreja, para que estes orem sobre ele e o unjam com óleo, em nome do Senhor. A oração feita com fé curará o doente; o Senhor o levantará. E se houver cometido pecados, ele será perdoado. Portanto, confessem os seus pecados uns aos outros e orem uns pelos outros para serem curados. A oração de um justo é poderosa e eficaz.

O texto que acabamos de ler é todo centrado no valor da oração em momentos de sofrimento, doença, dificuldade, tribulação. Ele culmina com a ordem do Senhor: "[...] orem uns pelos outros [...]" Embora a passagem bíblica enfatize a cura física e emocional, o fim do versículo amplia o escopo da oração até indicar as intercessões de uma maneira geral. E isso não é por acaso. Embora nossa intimidade pessoal com Deus seja uma prioridade, nenhum de nós vive isolado, e a saúde espiritual comunitária também contribui para que nossa comunhão com o Pai Celestial seja ainda maior. Por esse motivo, nada mais natural que a intercessão de uns pelos outros. Agostinho sintetiza isso com muita propriedade: "A oração genuína e total nada mais é do que amor."

Por mais que oremos na quietude de nosso lar ou na privacidade do quarto, de joelhos e em contrição, não é bom que procuremos resolver sozinhos todos os problemas que enfrentamos, nem é bom que retenhamos apenas para nós as alegrias que o Senhor nos proporciona. Compartilhar é uma atitude própria da vida comunitária, seja o pão da alegria e da fartura, seja o pão do sofrimento e da necessidade:

> Alegro-me grandemente no Senhor, porque finalmente vocês renovaram o seu interesse por mim. De fato, vocês já se interessavam, mas não tinham oportunidade para demonstrá-lo. Não estou dizendo isso porque esteja necessitado, pois aprendi a adaptar-me a toda e qualquer circunstância. Sei o que é passar necessidade e sei o que é ter fartura. Aprendi o segredo de viver contente em toda e qualquer situação, seja bem alimentado, seja com fome, tendo muito, ou passando necessidade. Tudo posso naquele que me fortalece. Apesar disso, vocês fizeram bem em participar de minhas tribulações. Como vocês sabem, filipenses, nos seus primeiros dias no evangelho, quando parti da Macedônia, nenhuma igreja partilhou comigo no que se refere a dar e receber,

> exceto vocês; pois, estando eu em Tessalônica, vocês me mandaram ajuda, não apenas uma vez, mas duas, quando tive necessidade. Não que eu esteja procurando ofertas, mas o que pode ser creditado na conta de vocês. Recebi tudo, e o que tenho é mais que suficiente. Estou amplamente suprido, agora que recebi de Epafrodito os donativos que vocês enviaram. São uma oferta de aroma suave, um sacrifício aceitável e agradável a Deus. O meu Deus suprirá todas as necessidades de vocês, de acordo com as suas gloriosas riquezas em Cristo Jesus. A nosso Deus e Pai seja a glória para todo o sempre. Amém (Filipenses 4:10-20).

Sempre que nos deparamos com situações envolvendo a necessidade de oração, é um sinal de prudência compartilhar a batalha que estamos enfrentando. Isso não apenas cria empatia com a nossa luta, como também enfatiza o esforço de intercessão. Da mesma maneira, dividir com os irmãos de fé as alegrias da conquista é de grande valor para a edificação da Igreja. O testemunho das vitórias ajuda o irmão que passa por tribulações a entender que ele não está sozinho.

Antes de prosseguir...

...tente lembrar-se de orações respondidas, tanto a seu favor quanto clamores por irmãos de fé, que marcaram sua vida de um modo especial. Que pontos em comum você consegue identificar em todas essas situações?

____

____

____

____

____

____

...faça uma lista, nas linhas a seguir, com seus motivos de intercessão mais urgentes assim como das orações de gratidão. Que itens dessa relação você gostaria de compartilhar com irmãos da Igreja de Cristo?

____

____

____

____

____

____

____

CONCLUSÃO

A Igreja é um organismo,
não uma organização

Querida irmã e querido irmão que me acompanharam até aqui nessa jornada pelas páginas deste livro, você deve ter reparado que há um ponto em comum nos 25 mandamentos recíprocos: todos, sem exceção, são dirigidos a pessoas. Sua aplicação pode ser tanto pessoal quanto coletiva, mas em todos eles a Palavra do Senhor se dirige ao povo de Deus, não a uma empresa ou instituição. Você não encontra na Bíblia um mandamento do tipo "façam um relatório de atingimento de metas de dízimo" ou "façam a igreja crescer a uma taxa de 12% ao ano". Nada disso. Os mandamentos recíprocos falam sobre como a família de Deus deve cuidar de seu relacionamento com o Pai e com os irmãos de fé. Tem tudo a ver com o Corpo de Cristo (organismo) e não com a instituição (organização).

A marca desse organismo é a mutualidade. Quem faz parte dele não olha apenas para os próprios interesses, mas também se importa com os outros: suas necessidades, seus anseios, seus talentos, suas fraquezas. Mesmo sendo muitos, estão diretamente ligados e vivem em comunhão. O bem-estar ou a deficiência de um afeta todos os outros. O que um faz, seja bom ou ruim, produz impacto sobre os demais. Além disso, essa reciprocidade bíblica está diretamente ligada às pessoas. Não há um sequer dos 25 mandamentos recíprocos que acabamos de ver cuja aplicação seja apenas coletiva: todos começam com aplicação pessoal e se estendem aos relacionamentos. Quem deve amar o próximo? Quem deve acolher o irmão? Quem precisa se comprometer a não mentir? Quem deve exortar? Quem deve levar a carga do outro? Quem deve tomar cuidado com julgamentos? Sim, começa sempre em mim e em você, e daí se estende para a comunidade de fé.

Essa mutualidade é que gera a comunhão, o ambiente onde as pessoas sabem o seu nome, abrem seu coração, revelam suas virtudes e defeitos sem receio porque sabem que receberão acolhida e apoio. É nesse lugar que cada um pode contribuir para servir o outro e, juntos, possam experimentar o poder, a presença e o propósito do Senhor Jesus em suas vidas. Também é esse o campo de atuação mais ampla do Espírito Santo — a partir do que ele opera no âmbito individual é produzido um senso de participação, de envolvimento, de engajamento em um organismo maior.

A mutualidade produz reflexos práticos em diversos aspectos de vida. Ela está presente nas relações familiares, com os irmãos de fé, no trabalho, na educação dos filhos, no cuidado com os idosos, na vida social, nas relações de vizinhança, enfim, onde quer que haja interação. Daí a ênfase que vimos ao longo desta obra sobre a questão dos relacionamentos. Bronnie Ware, escritora australiana, trabalhou durante oito anos como cuidadora de pacientes em estado terminal, acompanhando-os durante seus últimos três meses de vida. Ela escreveu um artigo, que depois se tornou um livro, onde lista os cinco maiores arrependimentos das pessoas no leito de morte, que podem ser sintetizados assim:

- "Eu queria ter tido a coragem de ter vivido minha própria vida, e não a vida que os outros esperavam de mim": este é o arrependimento mais comum de todos. Quando as pessoas percebem que sua vida está terminando, realmente se dão conta de quantos sonhos não foram realizados, e reconhecem que isso é culpa das próprias escolhas que fizeram ou deixaram de fazer.

- "Eu queria não ter trabalhado tanto": todos os pacientes do sexo masculino lamentam disso, e também muitas mulheres. Perderam a infância dos filhos e o companheirismo do cônjuge. Isto é algo que não pode ser recuperado jamais.
- "Eu gostaria de ter tido coragem de expressar meus sentimentos": para ter "paz" com outros, as pessoas deixam de falar o que sentem e pensam. Muitos se anulam e nunca se tornam o que realmente poderiam ter sido.
- "Eu gostaria de ter mantido contato com meus amigos": muitos não percebem os benefícios dos velhos amigos até que estão em um leito de morte; ficam tão ocupados com as próprias vidas que deixam de lado os verdadeiros amigos, e depois lamentam não terem dado a importância, o tempo e o esforço que eles mereciam.
- "Eu queria ter me permitido ser mais feliz": isto também é surpreendentemente comum. Muitos ficam presos a velhos padrões e hábitos. Eles percebem somente no leito de morte que a felicidade é uma escolha. Ficaram com medo de mudanças, preso no conformismo. Fingiram que estavam satisfeitas por causa das outras pessoas, e deixaram de fazer coisas simples e de se alegrarem, sem se importar tanto com o julgamento dos outros.

No fim, tudo se resume a amor e relacionamentos. Não temos como dizer se estas pessoas eram cristãs ou não porque sabemos que isto pode acontecer com qualquer um. Uma coisa, porém, é certa: o mais importante na vida de uma pessoa são seus relacionamentos. Em todos os cinco casos vemos a falta de relacionamentos ou a crise de não saber lidar com eles. Nós não conseguimos ficar magoados com um carro que quebra, um celular que fica mudo ou um computador que trava. Ficamos magoados com pessoas. E ficamos alegres também por causa delas.

Qual é, então, a solução para termos relacionamentos saudáveis? Está em obedecer ao mandamento máximo de Jesus: "Um novo mandamento lhes dou: Amem-se uns aos outros. Como eu os amei, vocês devem amar- se uns aos outros. Com isso todos saberão que vocês são meus discípulos, se vocês se amarem uns aos outros" (João 13:34-35). O amor é a solução, a resposta. Ele é o caminho mais excelente (I Coríntios 13). Para amar como Jesus amou, é necessário nascer de novo e ser um discípulo. O amor anda a segunda milha, oferece a face uma segunda vez, entrega mais do que se pede e não se orgulha, nem fala mal, nem se porta de maneira inconveniente, não julga, não faz acepção de pessoas. O amor simplesmente ama. E não existe mutualidade sem amor. Ele é o "elo perfeito" (Colossenses 3:14) que mantém a unidade da Igreja, a força dos relacionamentos e a vitalidade desse organismo.

É nesse contexto de reciprocidade que a importância dos grupos pequenos se torna ainda maior. Em nossa comunidade, nós os chamamos GCEM, abreviatura que indica os grupos como espaços de comunhão, edificação e multiplicação. Conceitualmente, elas surgem logo depois da ascensão de Cristo aos céus, como vemos em Atos 2:42-47:

> Eles se dedicavam ao ensino dos apóstolos e à comunhão, ao partir do pão e às orações. Todos estavam cheios de temor, e muitas maravilhas e sinais eram feitos pelos apóstolos. Todos os que criam mantinham-se unidos e tinham tudo em comum. Vendendo suas propriedades e bens, distribuíam a cada um conforme a sua necessidade. Todos os dias, continuavam a reunir-se no pátio do templo. Partiam o pão em suas casas, e juntos participavam das refeições, com alegria e sinceridade de coração, louvando a Deus e tendo a simpatia de todo o povo. E o Senhor lhes acrescentava todos os dias os que iam sendo salvos.

A igreja nas casas é o que hoje chamamos "célula" ou "pequeno grupo". É a igreja no lar. A célula é a Igreja porque a Igreja é exatamente isso: pessoas! A comparação que a Bíblia faz entre a Igreja de

Cristo e o corpo humano não poderia ser mais feliz — vários membros, formados por células, compondo um organismo.

Mas entenda que a célula não é meramente a reunião do grupo. Ela vai além. Está presente no relacionamento familiar, na caminhada, no mercado, no lazer, na escola, nas casas, no discipulado um a um. Em outras palavras, célula é relacionamento, é opção pelo estilo de vida comunitário bíblico. Por isso o relacionamento é mais importante que reuniões semanais, seja no lar ou no templo. É no relacionamento que crescemos como servos, aprendemos a viver a vida cristã, somos supridos e igualmente suprimos os outros em amor.

Para encerrarmos este livro com um ensinamento bíblico que sintetiza a importância da reciprocidade nos relacionamentos e como fundamento da vida comunitária, é importante que você entenda esta verdade: o Pai, o Filho e o Espírito Santo compõem o mais perfeito exemplo de vida em comunidade. Eles são únicos, e ainda assim são um. Estavam juntos desde o princípio, como vemos em Gênesis 1:26a: "Então disse Deus: 'Façamos o homem à nossa imagem, conforme a nossa semelhança'"; e confirmamos em João 1:1-3: "No princípio era aquele que é a Palavra. Ele estava com Deus, e era Deus. Ela estava com Deus no princípio. Todas as coisas foram feitas por intermédio dele; sem ele, nada do que existe teria sido feito." Em Jo 14:9, quando Filipe pede a Jesus que o Pai lhe seja apresentado, Jesus responde: "Você não me conhece, Filipe, mesmo depois de eu ter estado com vocês durante tanto tempo? Quem me vê, vê o Pai. Como você pode dizer: 'Mostra-nos o Pai'?" E o Espírito Santo se integra a essa comunidade trina, como se lê em II Coríntios 3:17: "Ora, o Senhor é o Espírito e, onde está o Espírito do Senhor, ali há liberdade."

Inspirados nesse exemplo perfeito, prossigamos todos dispostos a viver em mutualidade, colocando em prática os mandamentos recíprocos e vivendo como membros saudáveis do Corpo de Cristo, servindo, colaborando e edificando um ao outro em amor.